# Aprendamos Las Letras
## Con Camron y Chloe

**Denver International SchoolHouse**

## Aprendamos Las Letras con Camron y Chloe

**Denver International SchoolHouse**

© 2020 Denver International SchoolHouse

All rights reserved. No part of this publication may be reproduced, stored in a retrieval system or transmited in any form or by any means, electronic, mechanical, photocopying, recording or otherwise without the prior permision of the publisher or in accordance with the provisions of the Copyright, Designs and Patents Act 1988 or under the terms of any licence permitting limited copying issued by the Copyright Licensing Angency.

**ISBN** : 978-1-7358013-9-1

Nombre:_______________________

# B  b

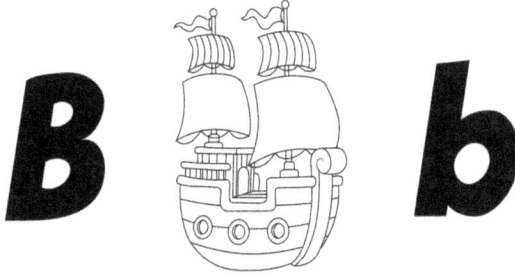

*Sigue las letras **B** y **b** para dibujar el camino hacia el tesoro.*

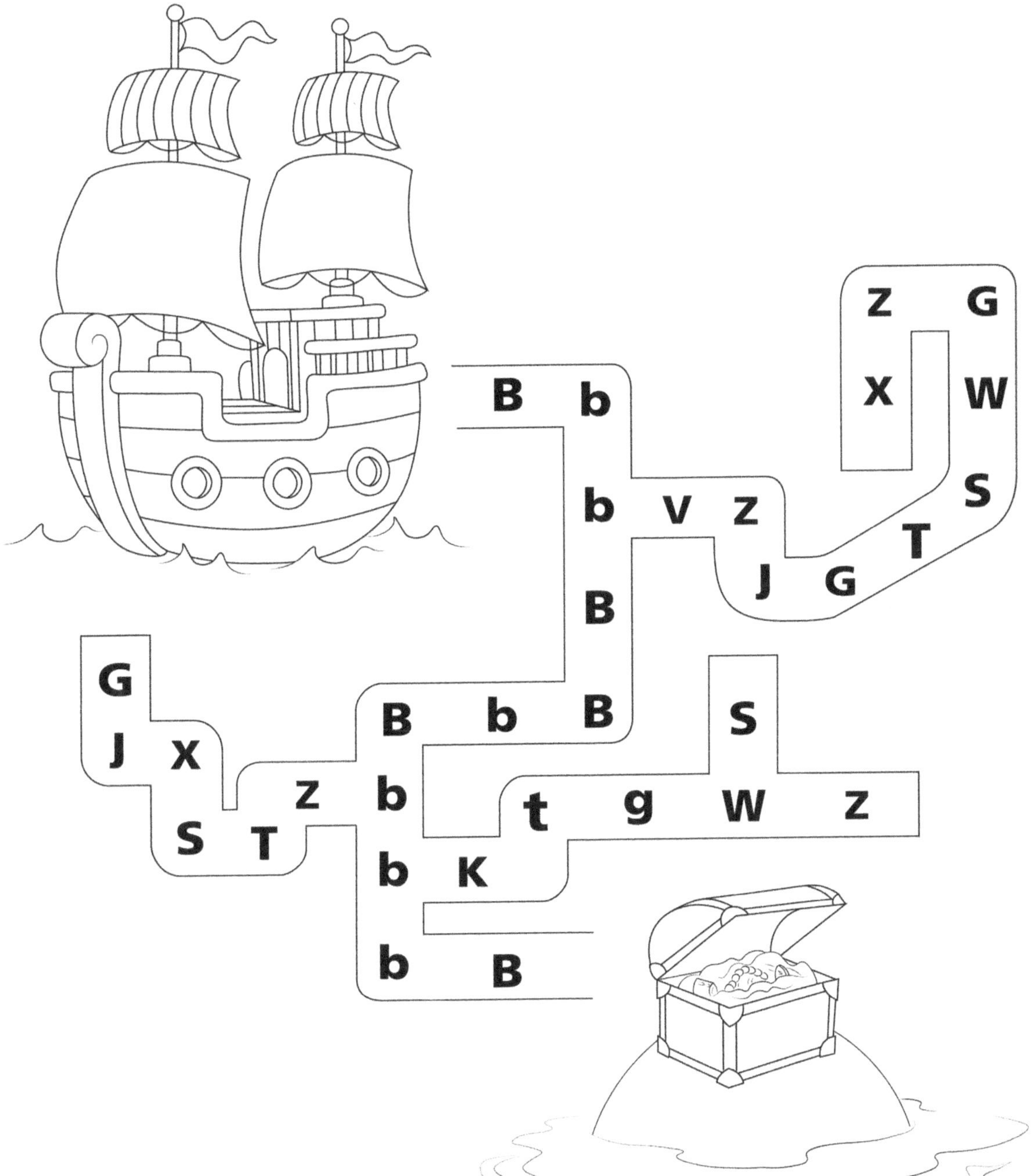

Nombre:_____

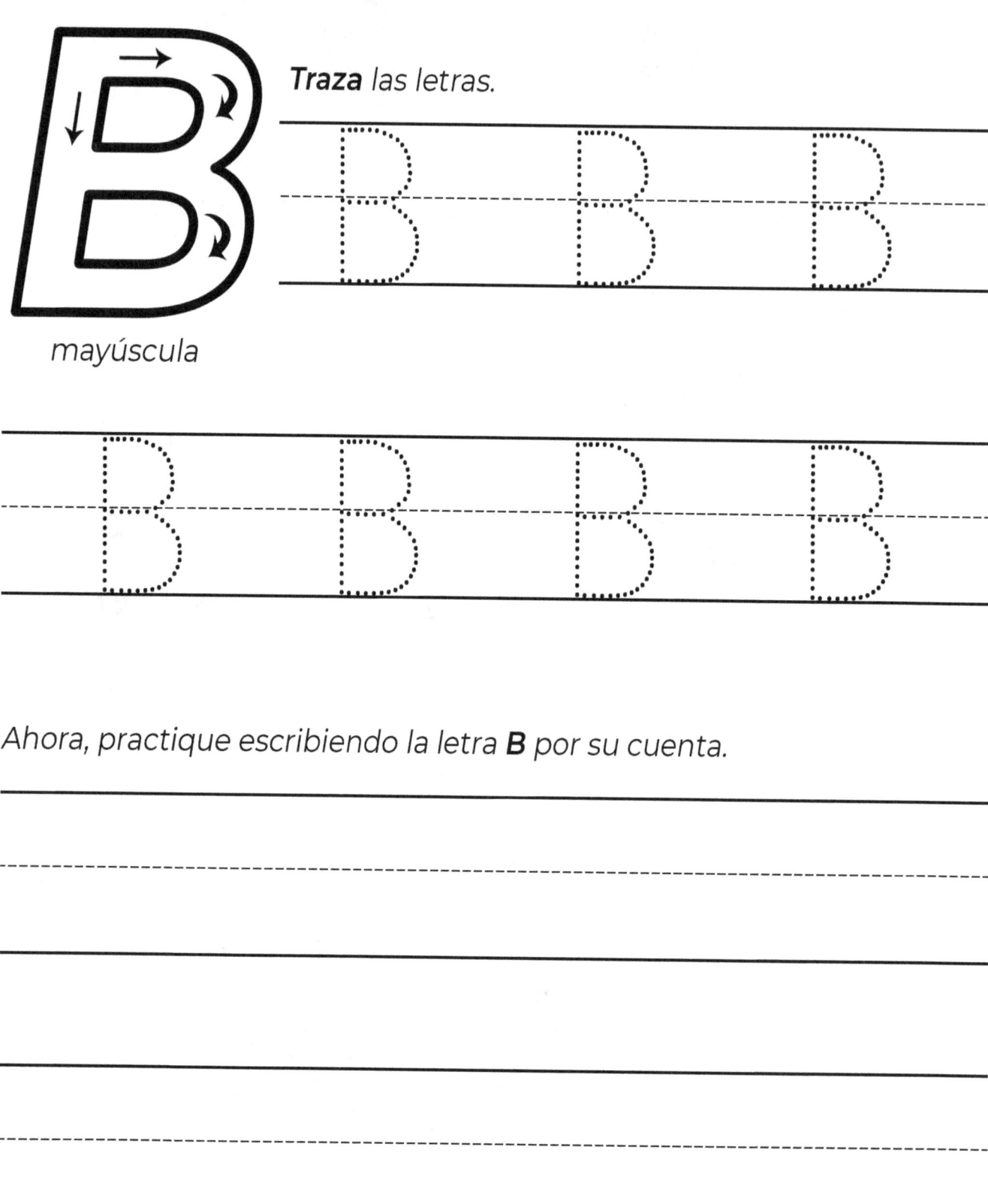

**Traza** las letras.

*mayúscula*

Ahora, practique escribiendo la letra **B** por su cuenta.

Denver International SchoolHouse

Nombre:_____

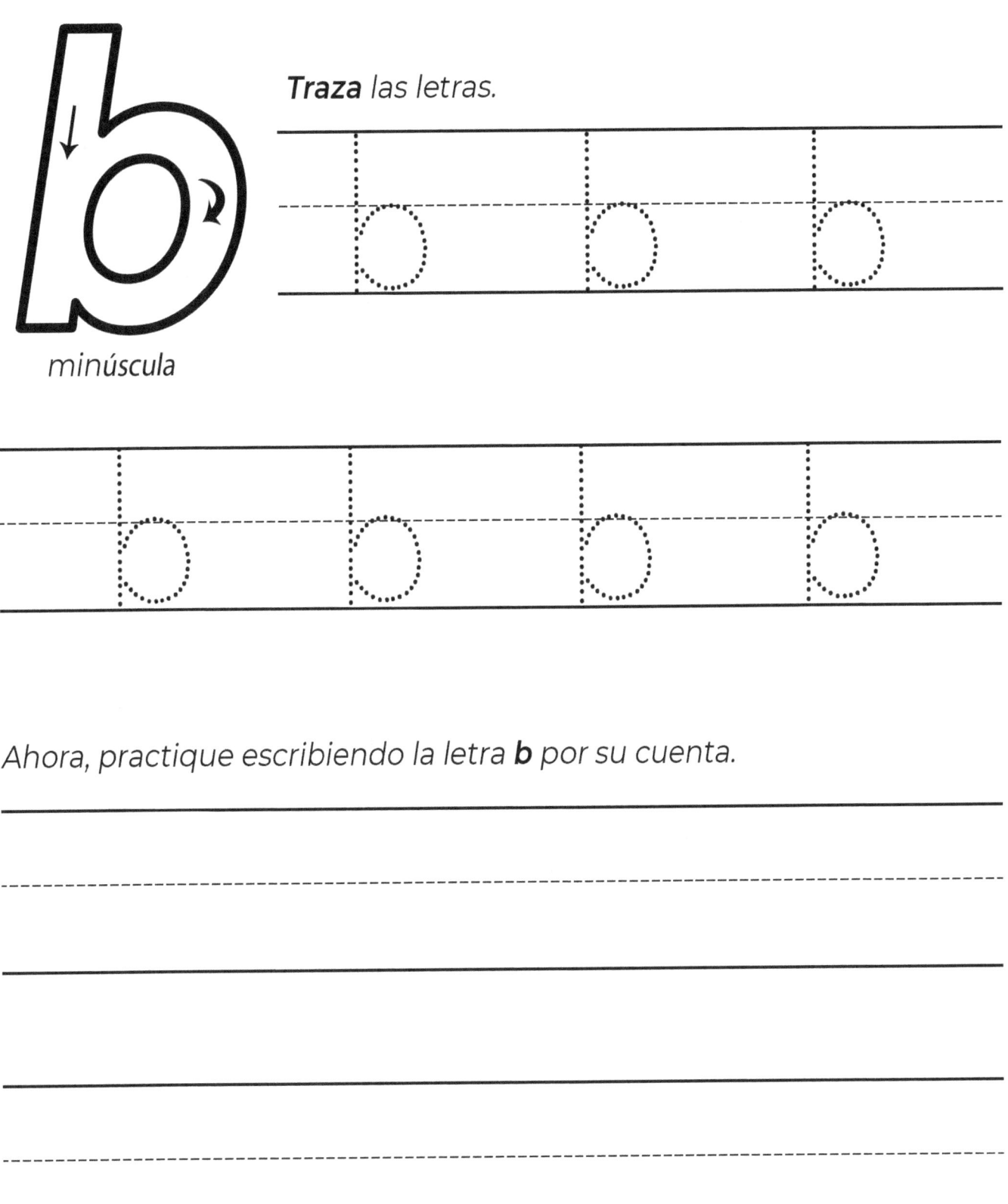

**Traza** las letras.

*minúscula*

Ahora, practique escribiendo la letra *b* por su cuenta.

Nombre:_____

Traza.

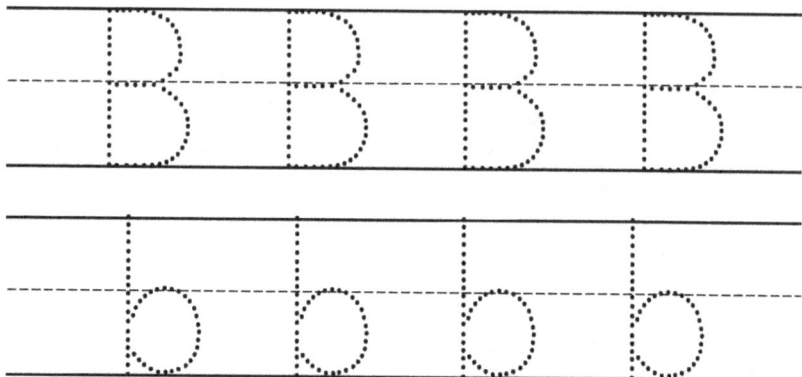

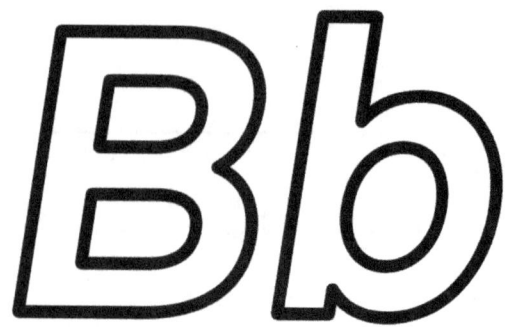

Encuentra.

Escribe.

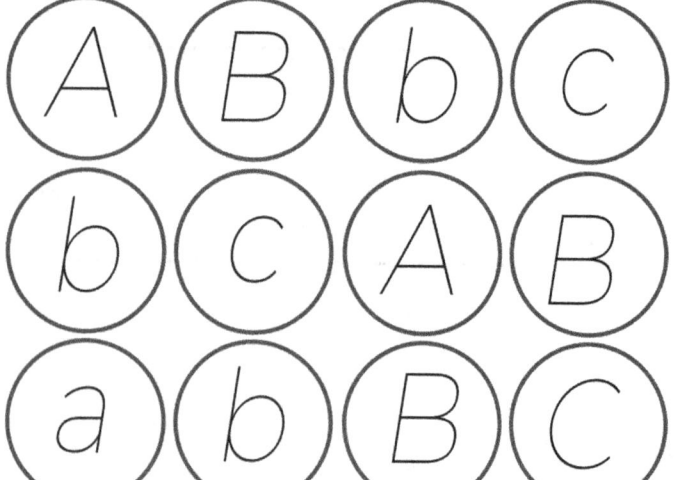

| B | |
|---|---|
| b | |

B          b

Corta y Pega.

| B | b | B | b | B | B | b | b |

Denver International SchoolHouse

Nombre:_____

# Sonido inicial Bb

*Colorea la Ballena.*

Denver International SchoolHouse

Nombre:________________________

# N  n

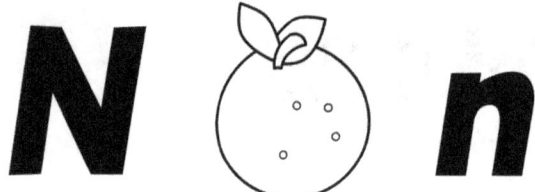

*Circula las naranjas que contengas las letras **N** y **n**.*

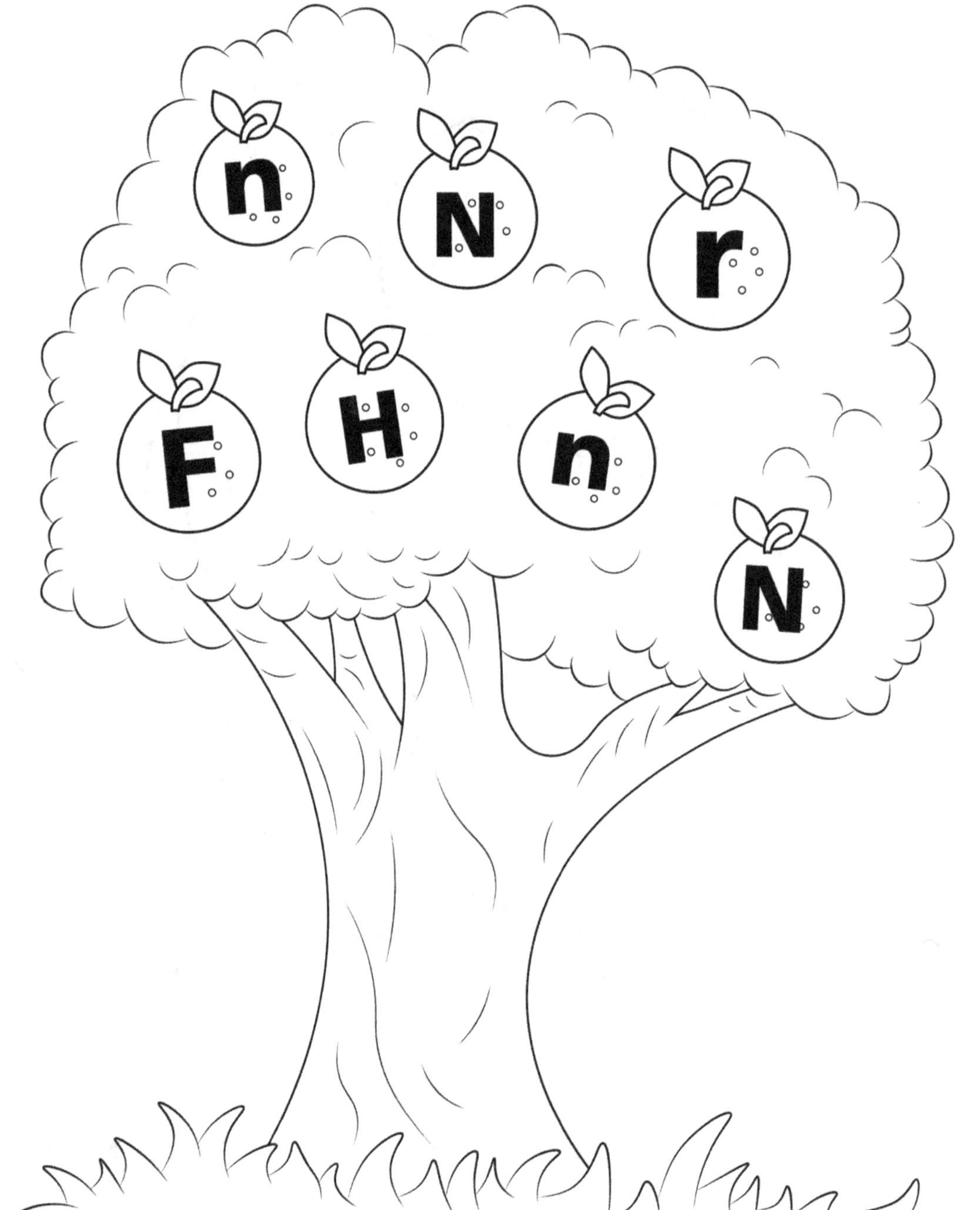

Nombre:_____

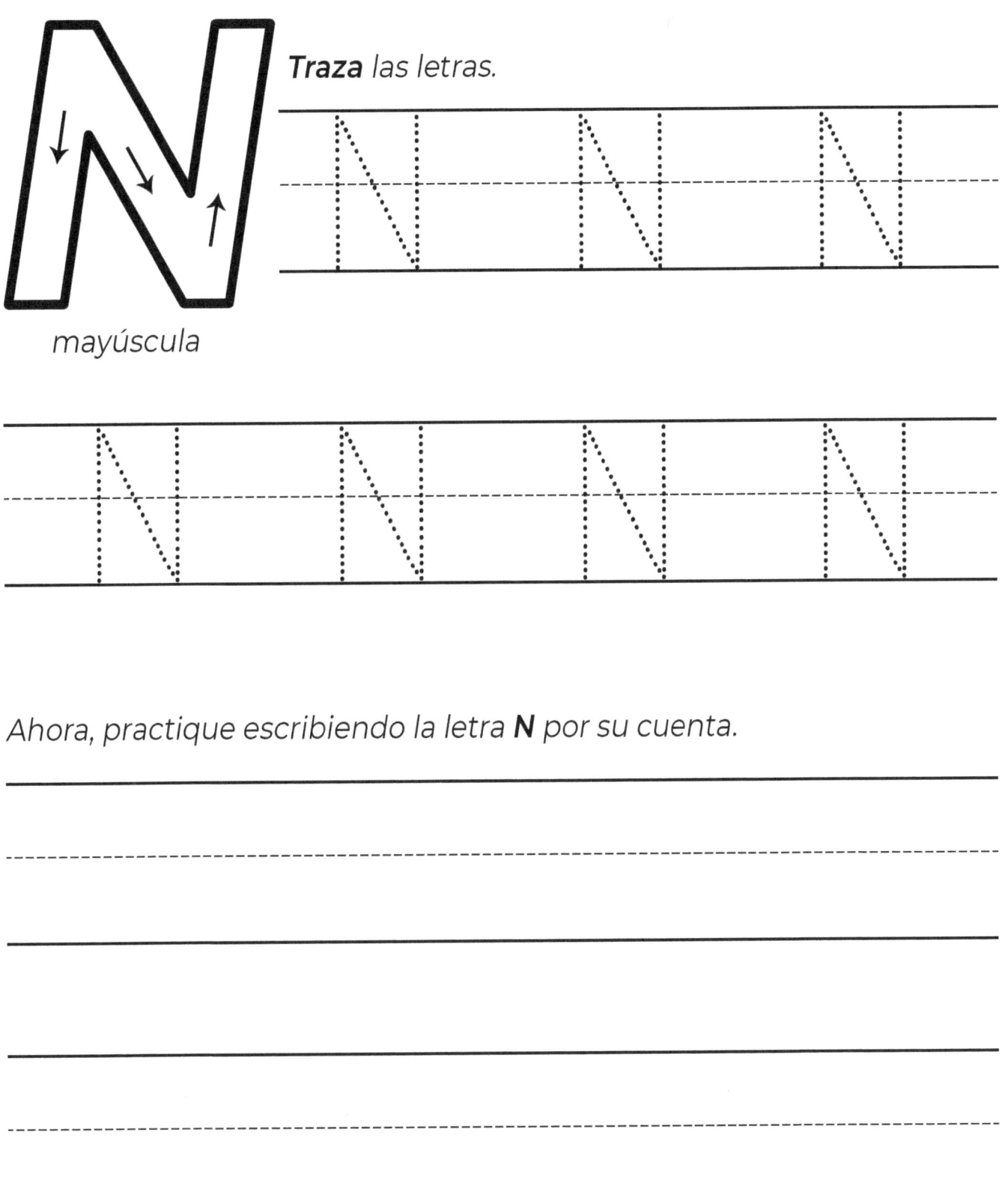

**Traza** las letras.

mayúscula

Ahora, practique escribiendo la letra **N** por su cuenta.

Nombre:_____

**Traza** las letras.

n    n    n

*minúscula*

n    n    n    n

Ahora, practique escribiendo la letra **n** por su cuenta.

Denver International SchoolHouse

Nombre:_____

## Traza.

# Nn

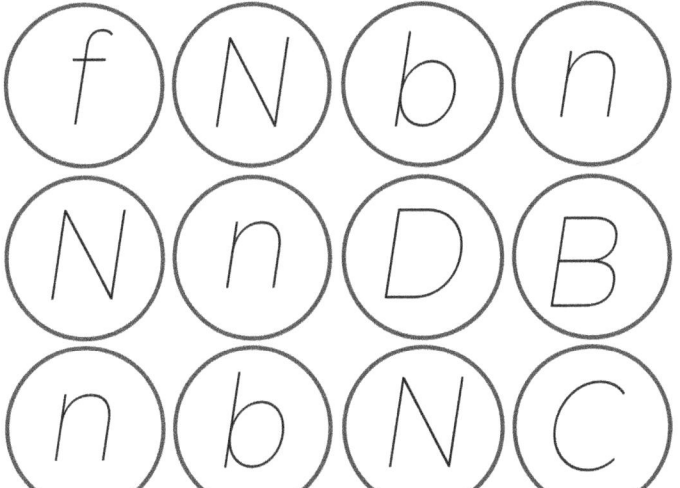
Encuentra.

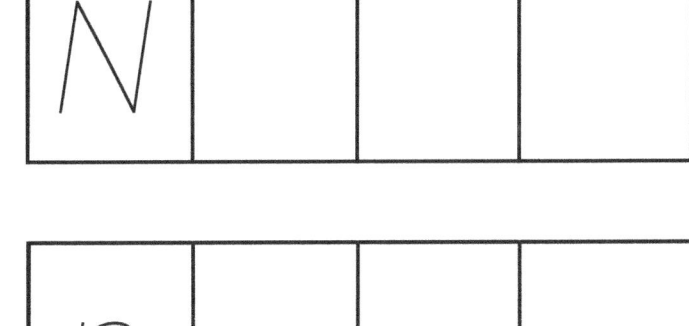
Escribe.

B    b

Corta y Pega.

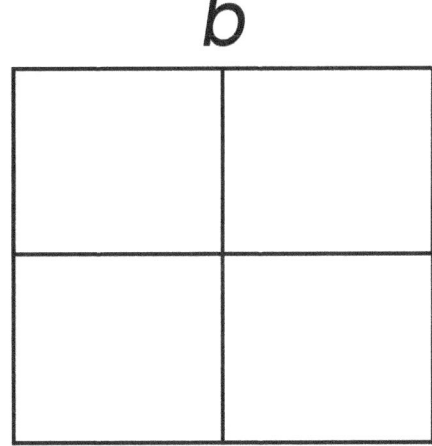

| n | n | n | N | N | n | N | n | N |

Nombre:_____

# Sonido inicial Nn

*Colorea la Niña y el Niño.*

Nombre:_____

# RR 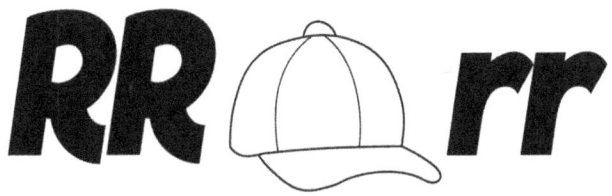 rr

*Circula las gorras que contengas las letras RR y rr.*

11  Denver International SchoolHouse

Nombre:_____

**Traza** *las letras.*

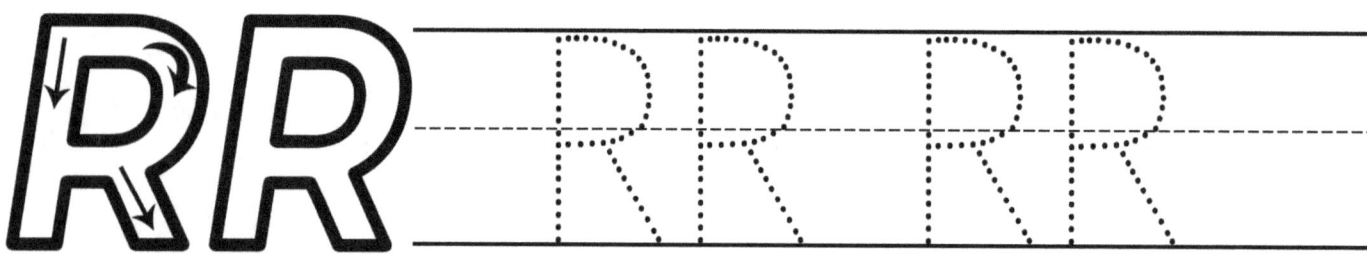

mayúscula

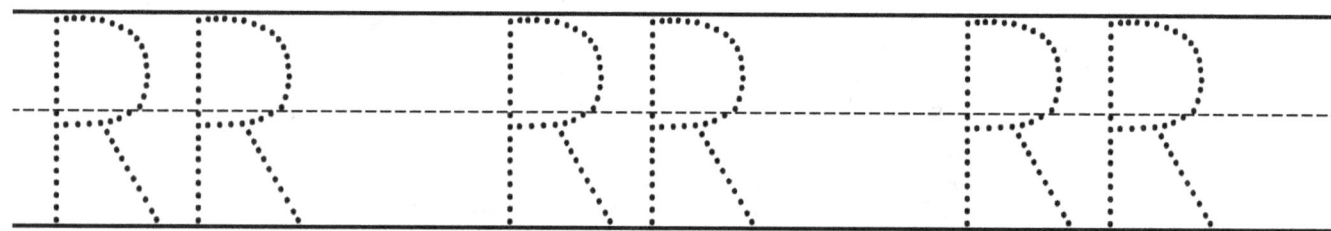

Ahora, practique escribiendo la letra **RR** por su cuenta.

Denver International SchoolHouse

Nombre:_____

**Traza** las letras.

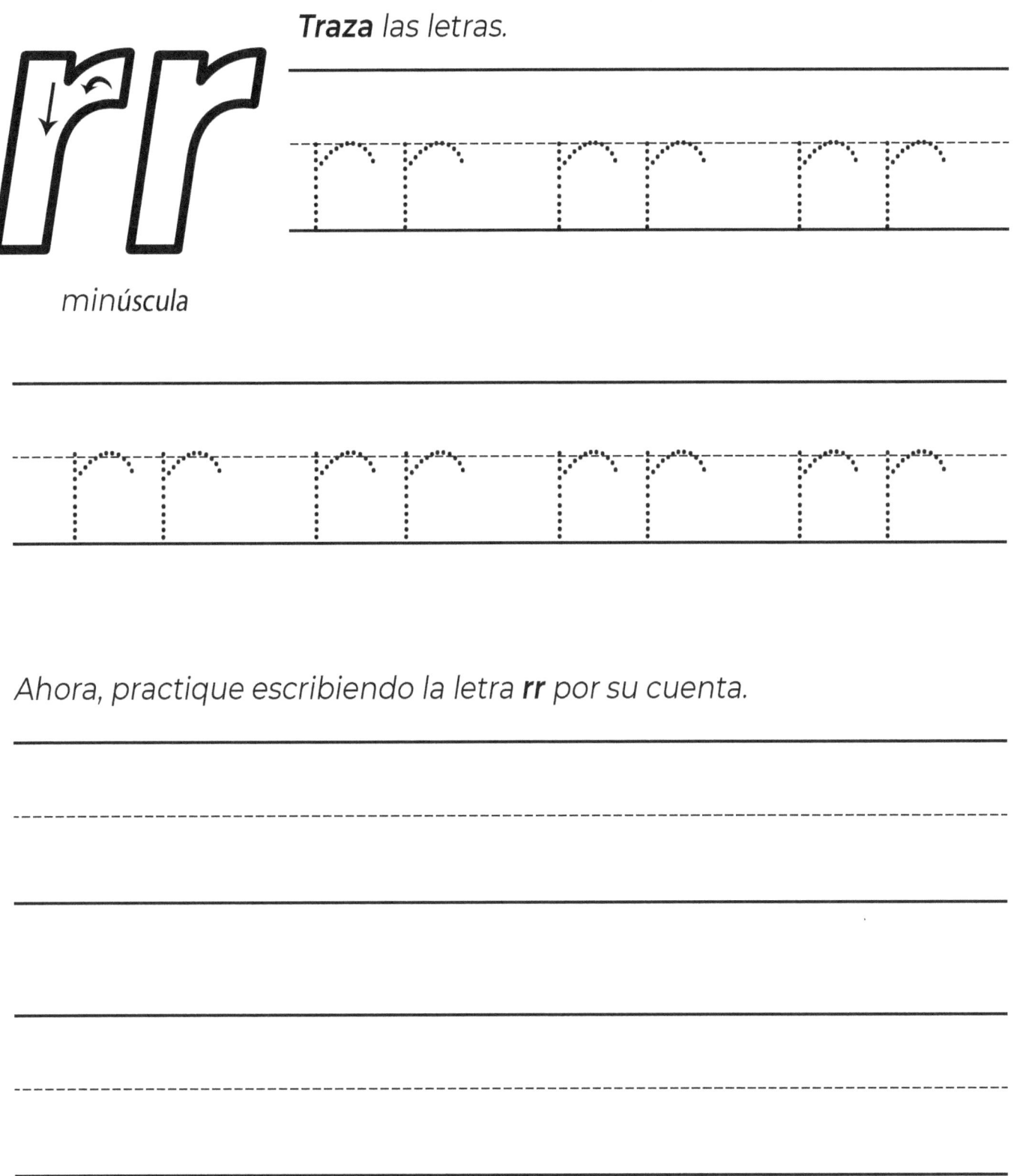

minúscula

Ahora, practique escribiendo la letra **rr** por su cuenta.

Nombre:_____

Traza.

# Rr

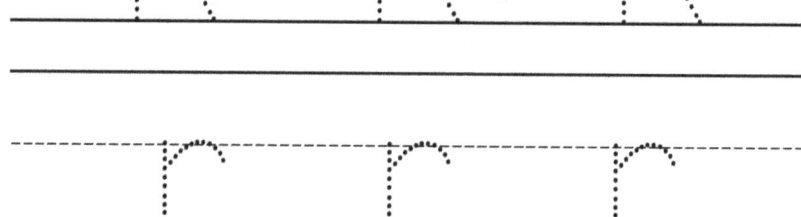

Encuentra.

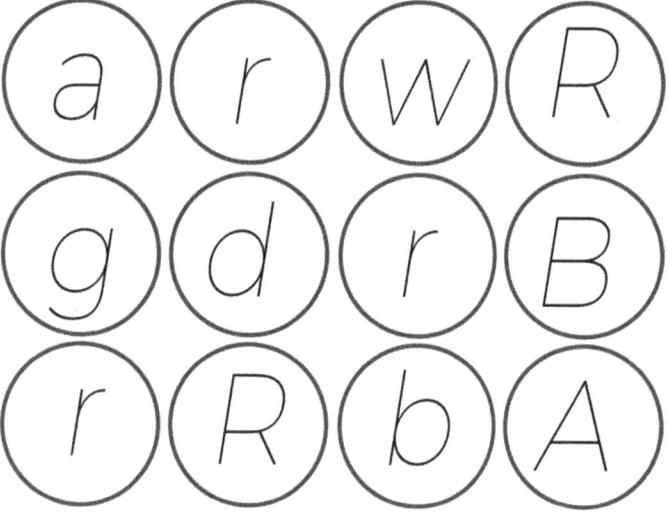

Escribe.

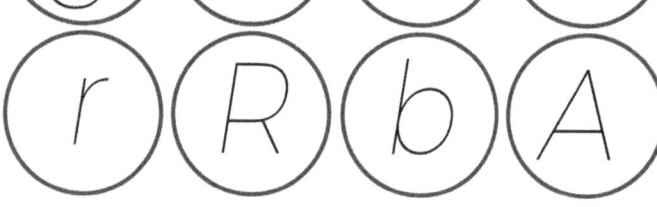

R r

Corta y Pega.

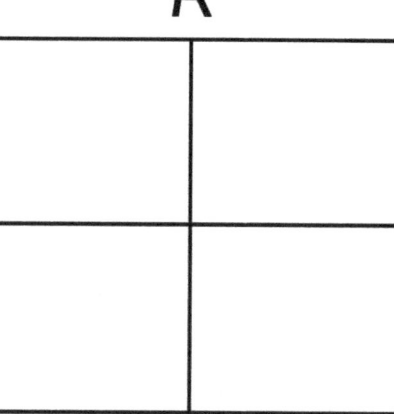
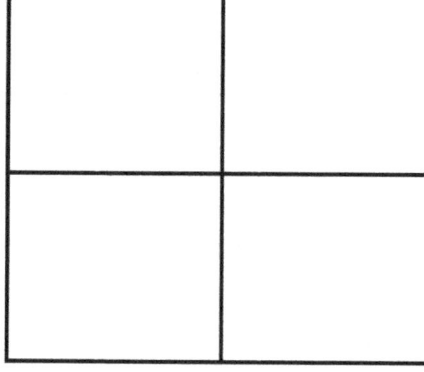

| R | R | R | R | r | r | r | r |

# Sonido intermedio RRrr

*Colorea el Perro.*

Nombre:______________________

# S  s

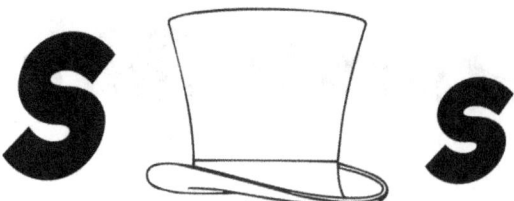

*Colorea las letras* ***Ss.***

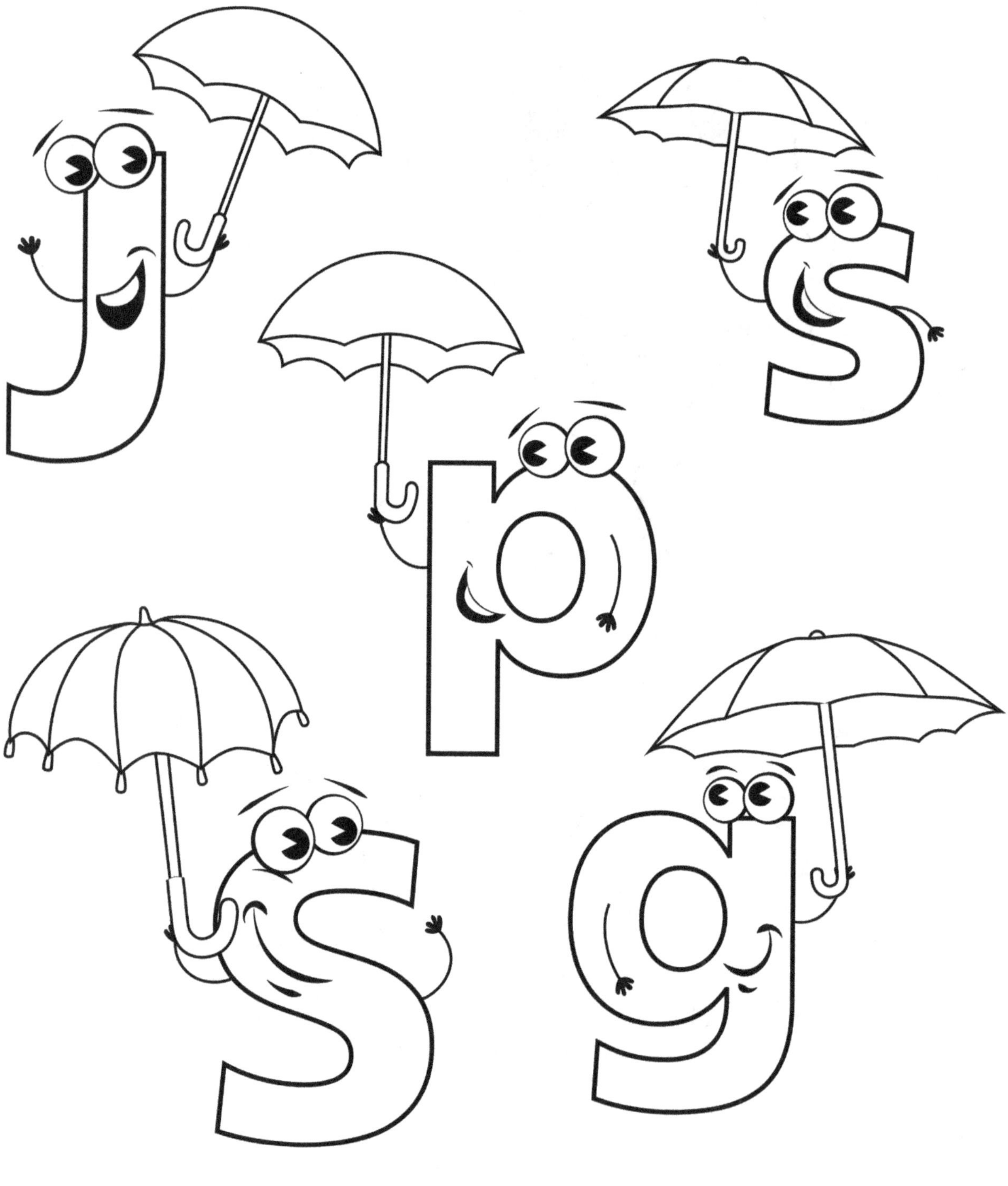

Nombre:_____

**S** *Traza* las letras.

mayúscula

Ahora, practique escribiendo la letra **S** por su cuenta.

Nombre:_____

**Traza** las letras.

*minúscula*

Ahora, practique escribiendo la letra **s** por su cuenta.

Denver International SchoolHouse

Nombre:_____

Traza.

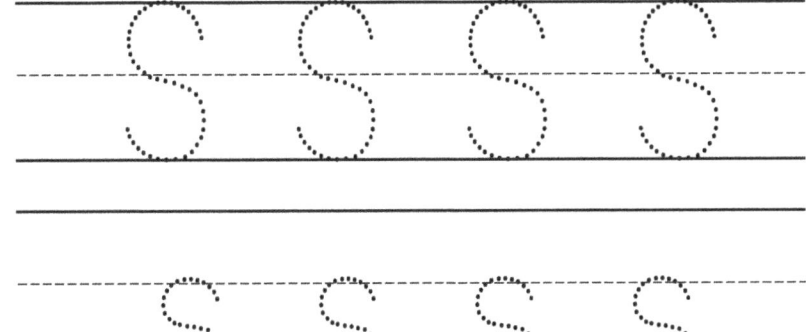

Encuentra.

Escribe.

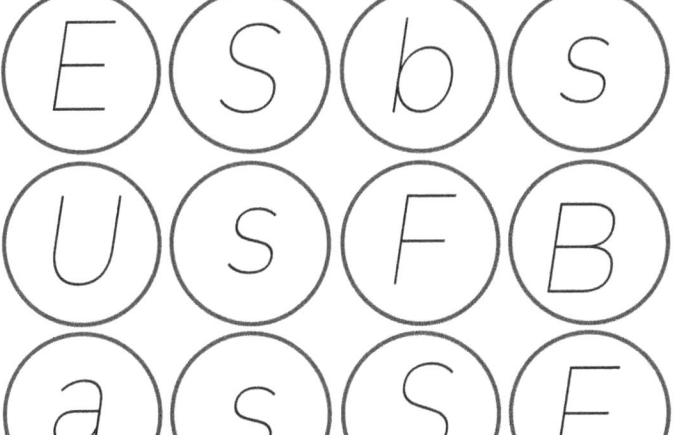

S  s

Corta y Pega.

| s | S | S | s | s | S | s | S |

Nombre:_____

# Sonido inicial Ss

Colorea la Serpiente.

Nombre:_____

# X  x

*Sigue las letras X y x para dibujar el camino del Taxi hacia el pasajero.*

21

Denver International SchoolHouse

Nombre:_____

*mayúscula*

**Traza** las letras.

Ahora, practique escribiendo la letra **X** por su cuenta.

Denver International SchoolHouse

Nombre:_____

**Traza** las letras.

x

*minúscula*

Ahora, practique escribiendo la letra **x** por su cuenta.

Nombre:_____

Traza.

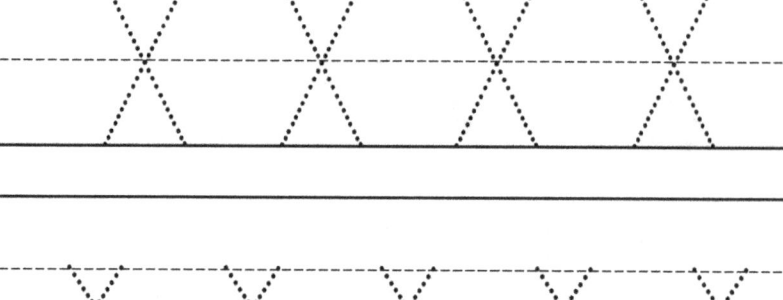

Encuentra.  Escribe.

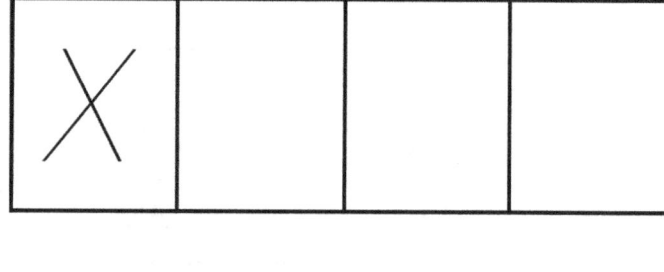
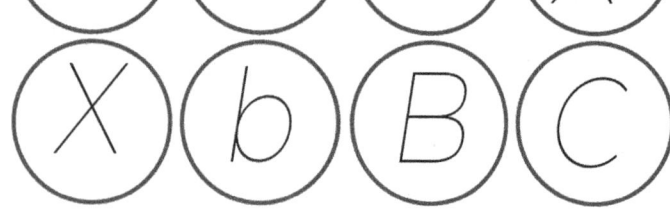
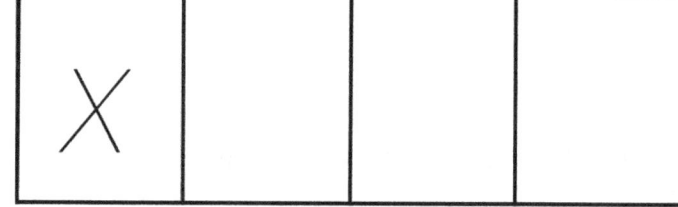

X          x

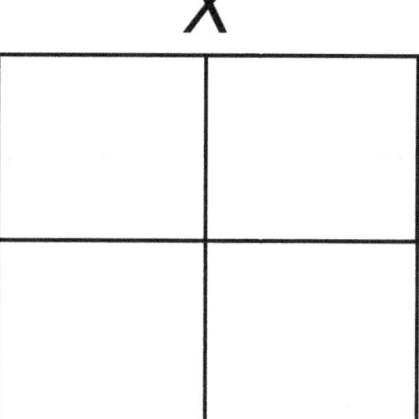
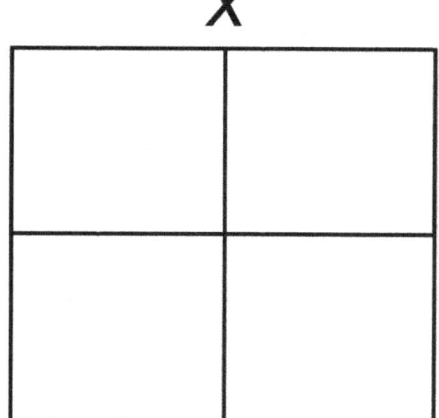

Corta y Pega.

Denver International SchoolHouse

Nombre:_____

# Sonido inicial Xx

*Colorea el xilófono.*

Nombre:____________________

# F  f

*Sigue las letras **F** y **f** para dibujar el camino hacia la flor.*

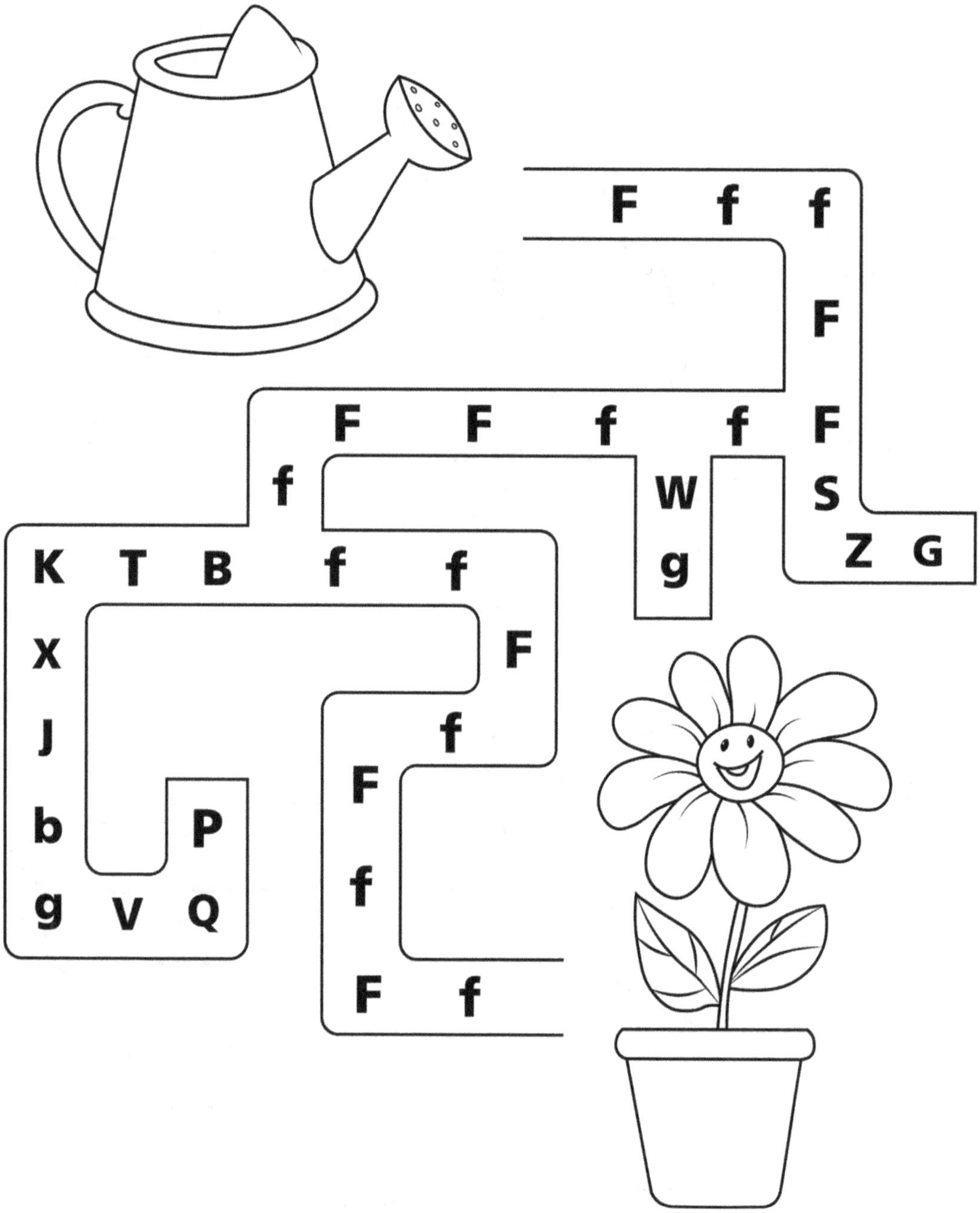

Nombre:_____

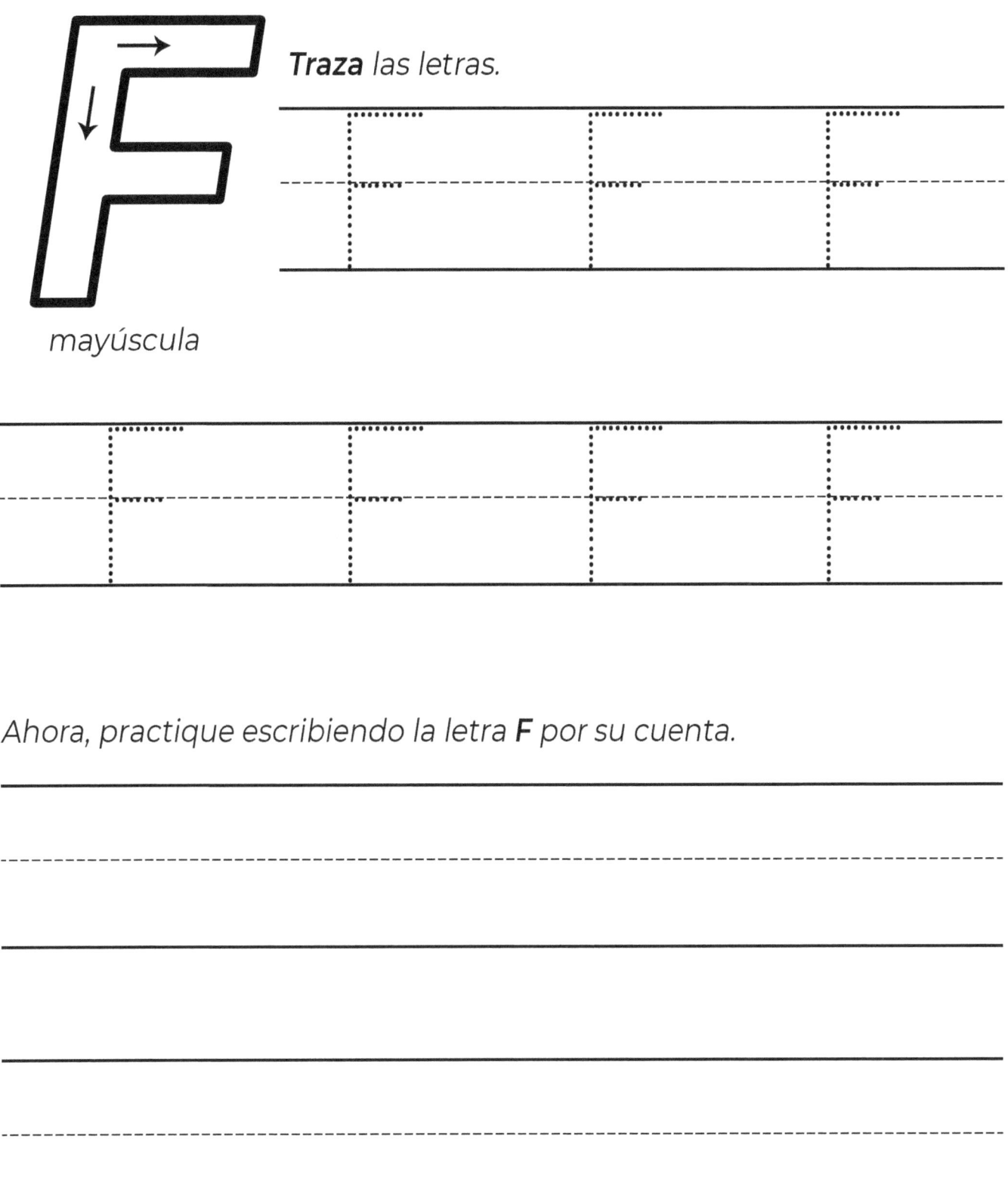

**Traza** las letras.

mayúscula

Ahora, practique escribiendo la letra **F** por su cuenta.

Nombre:_____

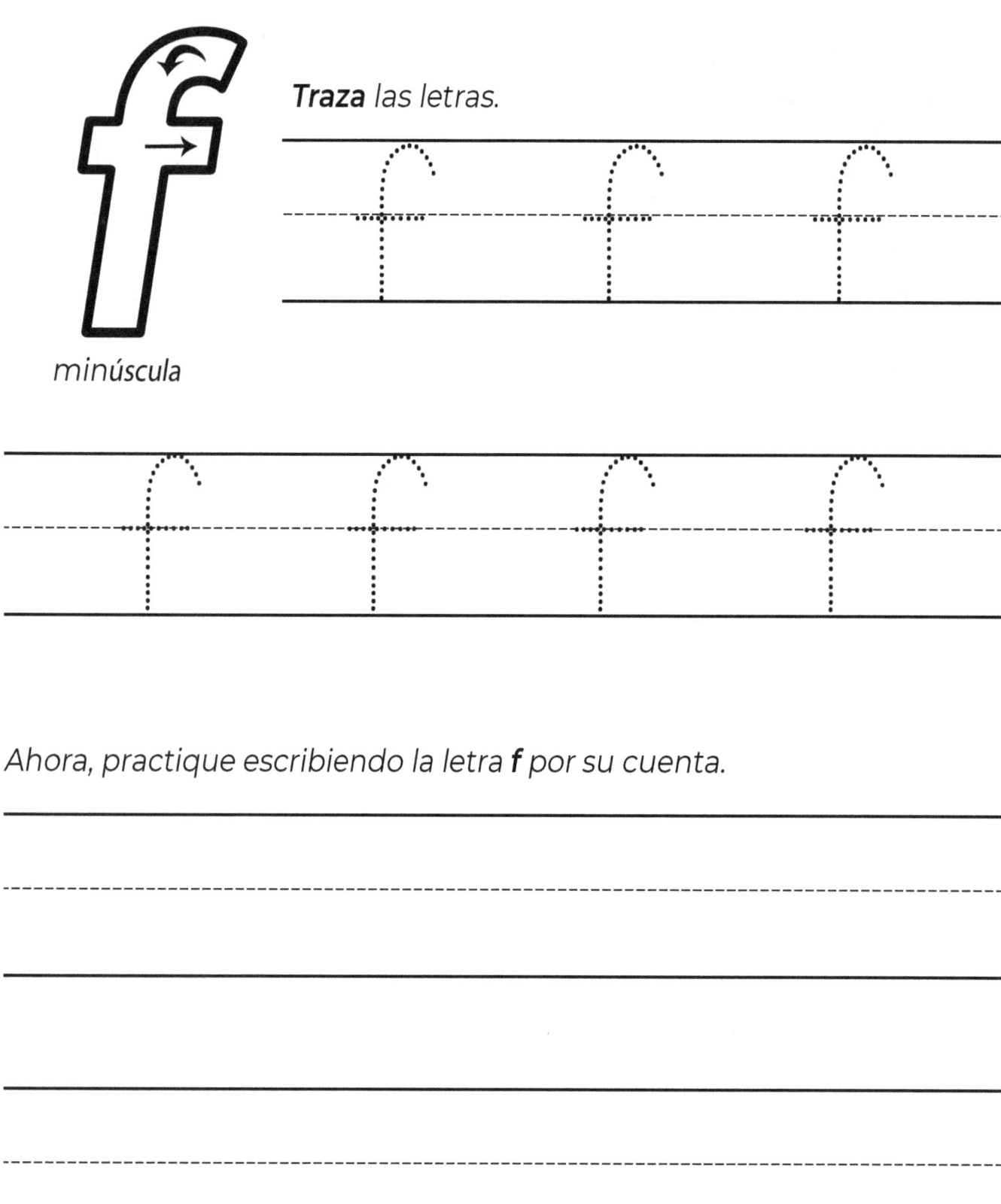

*minúscula*

**Traza** *las letras.*

Ahora, practique escribiendo la letra **f** por su cuenta.

Denver International SchoolHouse

Nombre:_____

Traza.

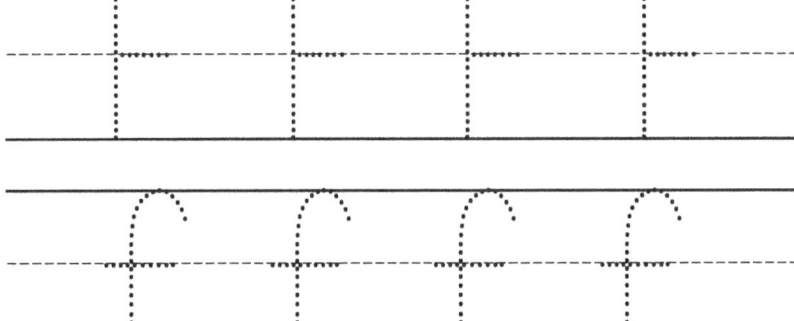

Encuentra.

Escribe.

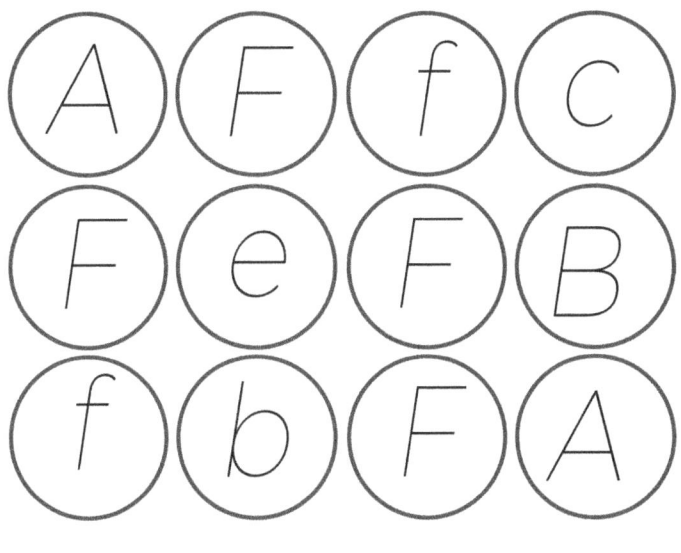

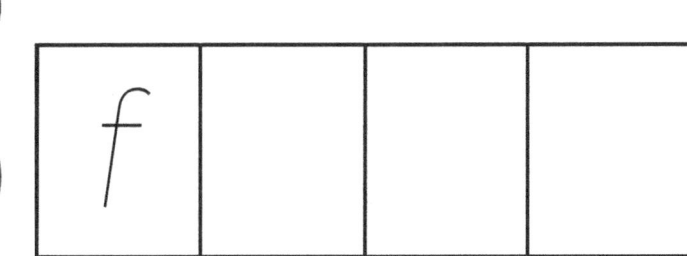

F  f

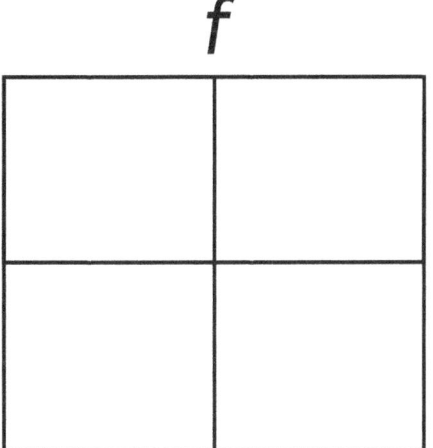

Corta y Pega.

| F | f | f | F | F | F | f | f |

Nombre:_____

# Sonido inicial Ff

*Colorea la Foca.*

Nombre:_____

# T  t

Circula las letras **T** y **t** que estan en el tren.

Nombre:_____

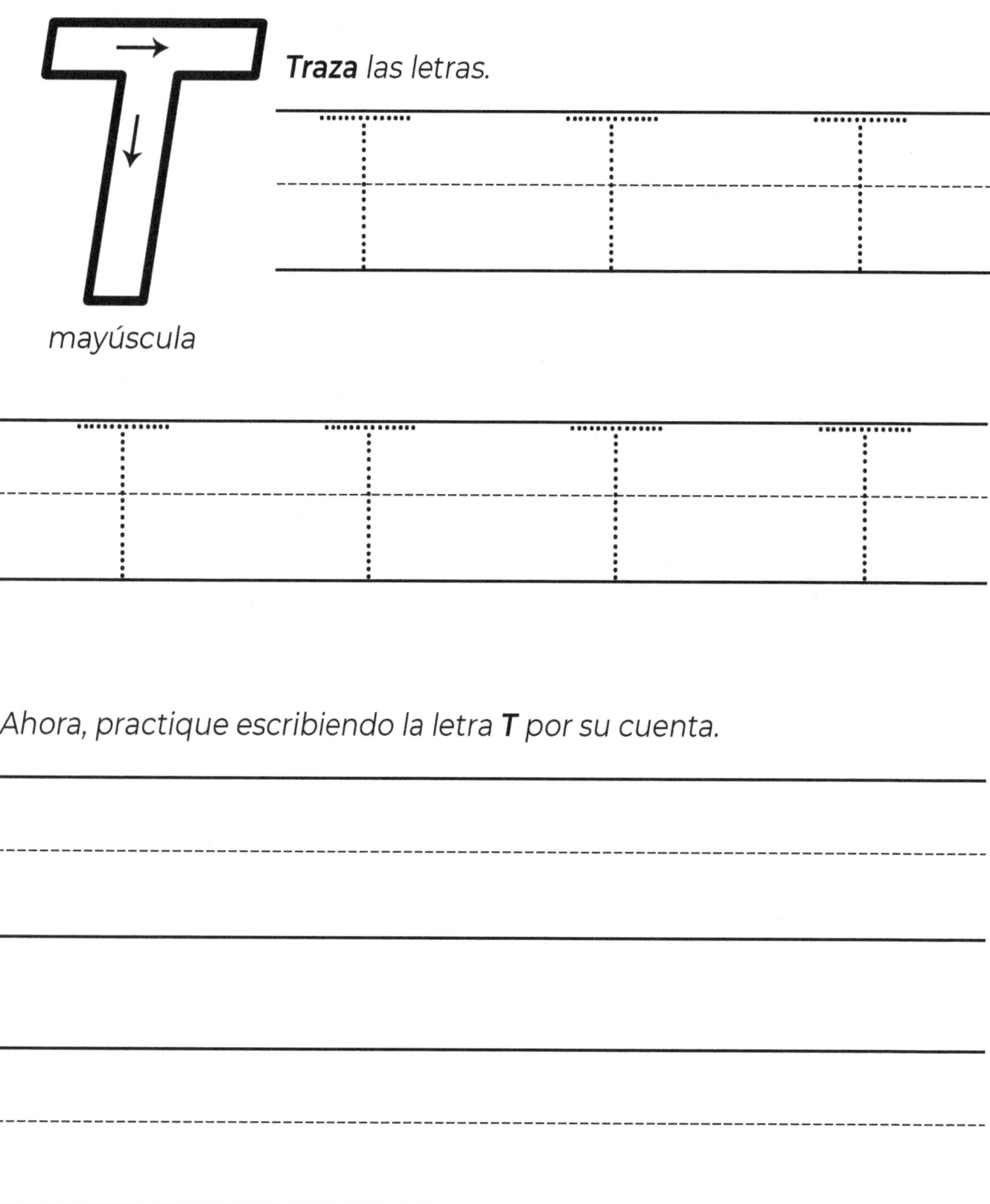

**Traza** las letras.

mayúscula

Ahora, practique escribiendo la letra **T** por su cuenta.

Nombre:_____

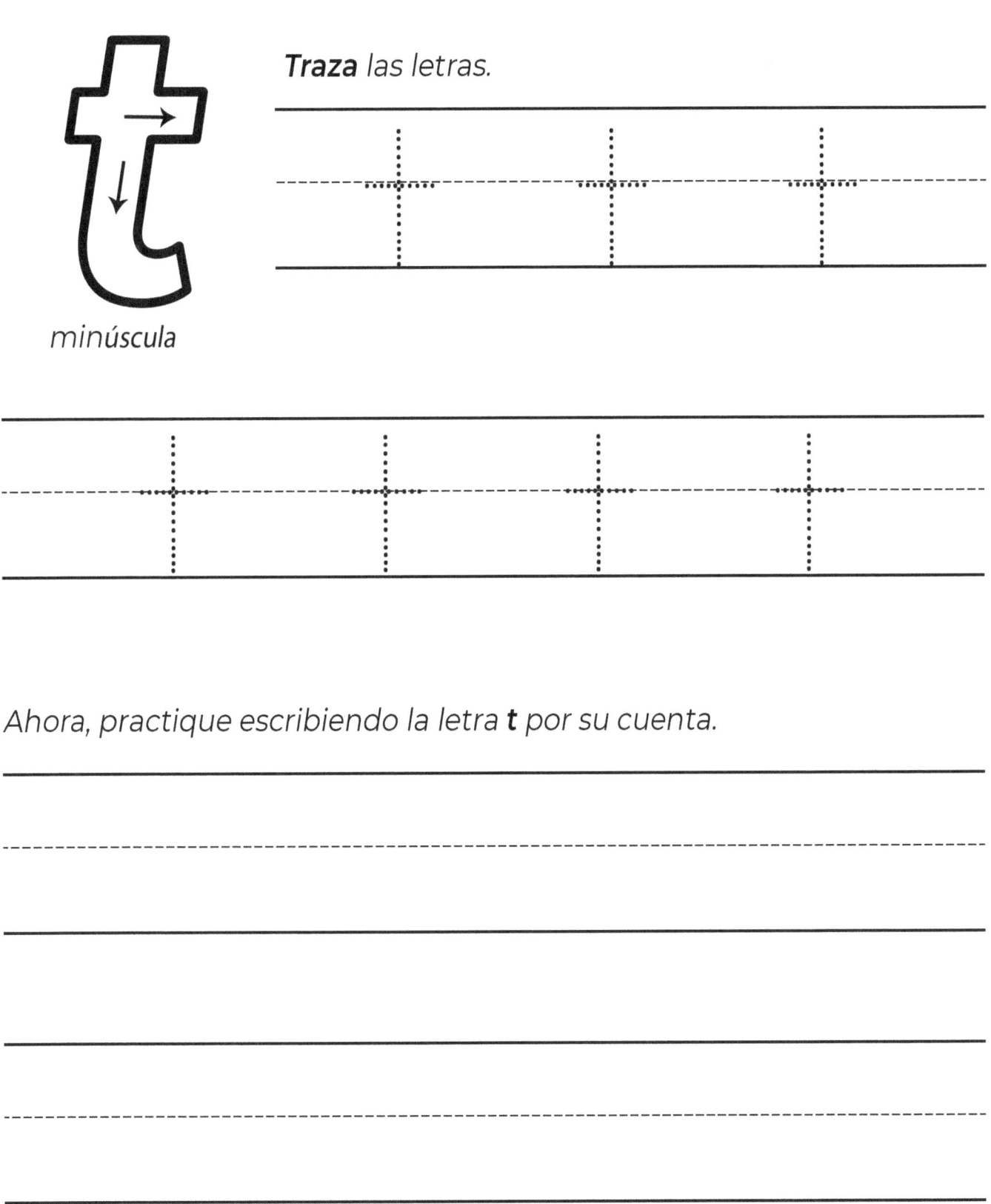

*minúscula*

**Traza** las letras.

Ahora, practique escribiendo la letra **t** por su cuenta.

Nombre:_____

Traza.

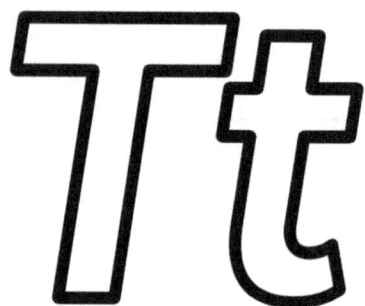

Encuentra.

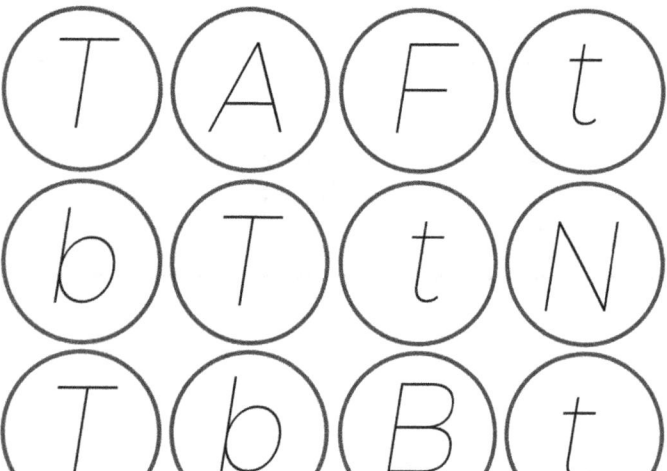

Escribe.

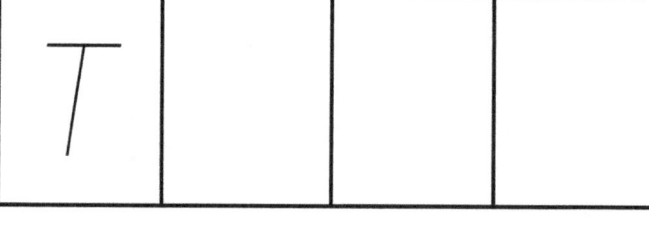

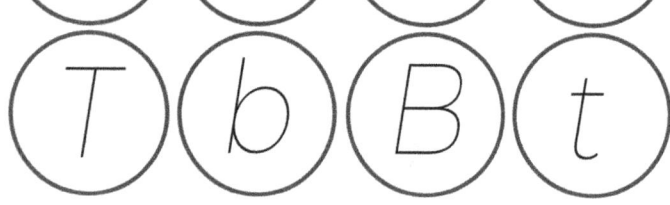

T    t

Corta y Pega.

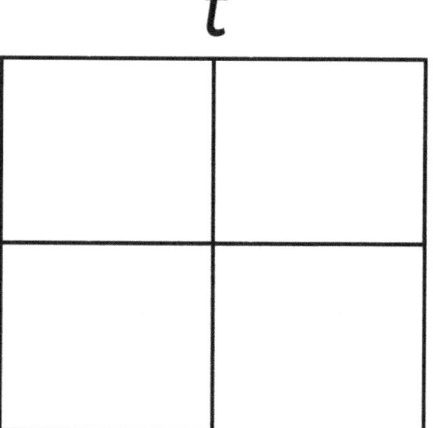

| T | T | t | t | T | t | T |

Nombre:_____

# Sonido inicial Tt

*Colorea lel Tigre.*

Nombre:______________________

# A  a

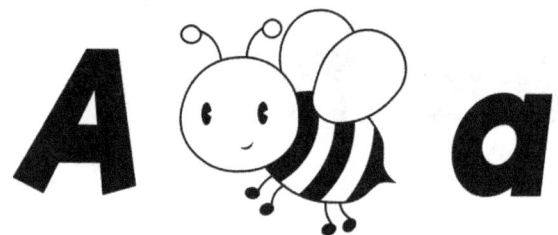

*Sigue las letras **A** y **a** para dibujar el camino hacia el panal de abeja.*

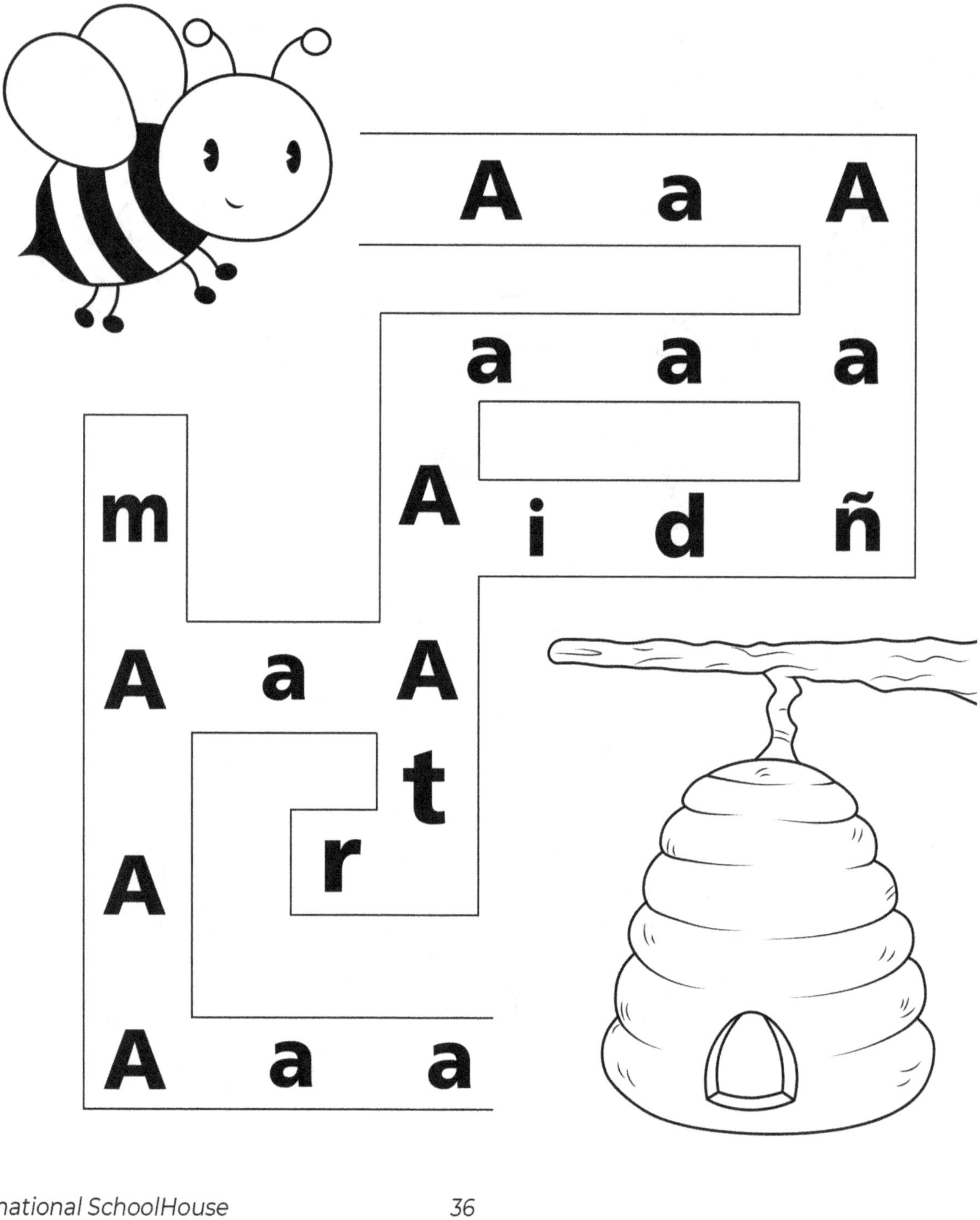

Nombre:_____

**Traza** las letras.

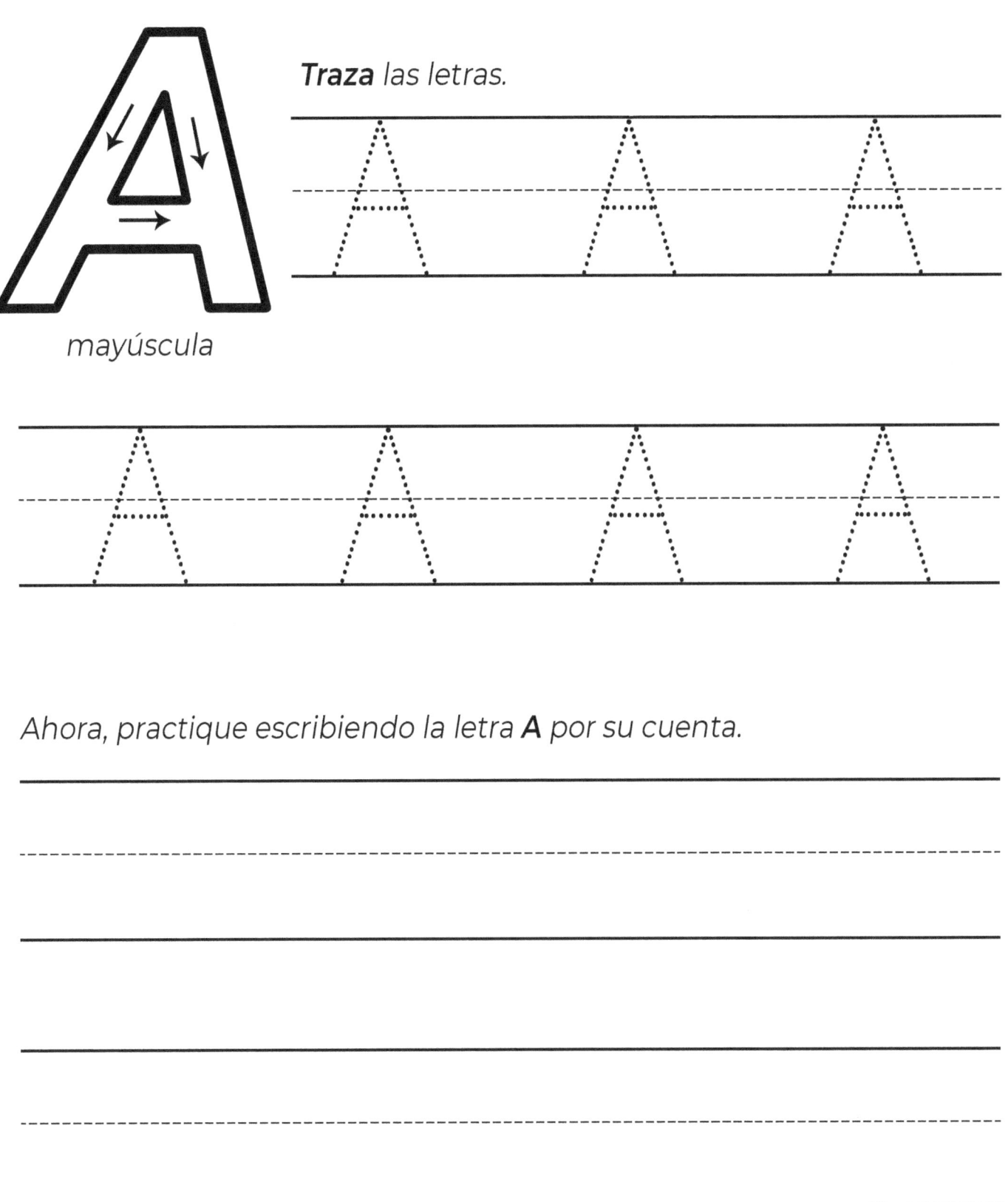

mayúscula

Ahora, practique escribiendo la letra **A** por su cuenta.

Nombre:_____

**Traza** las letras.

*minúscula*

Ahora, practique escribiendo la letra **a** por su cuenta.

Denver International SchoolHouse

Nombre:_____

Traza.

Encuentra.

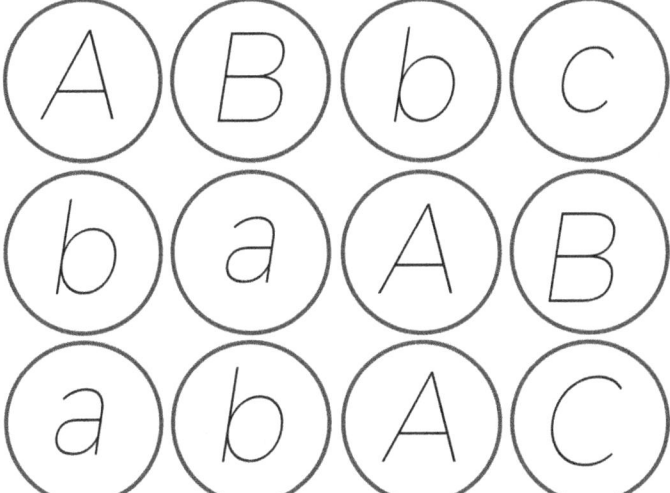

Escribe.

Corta y Pega.

A     a

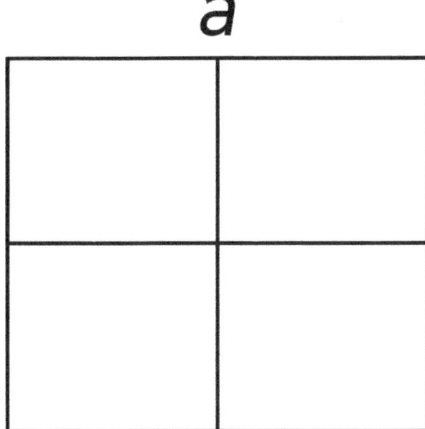

| a | a | A | A | a | A | A | a |

Denver International SchoolHouse

Nombre:_____

# Sonido inicial Aa

*Colorea el Avión.*

Nombre:_____

# P p

Colorea las letras *P* y *p*.

Nombre:_____

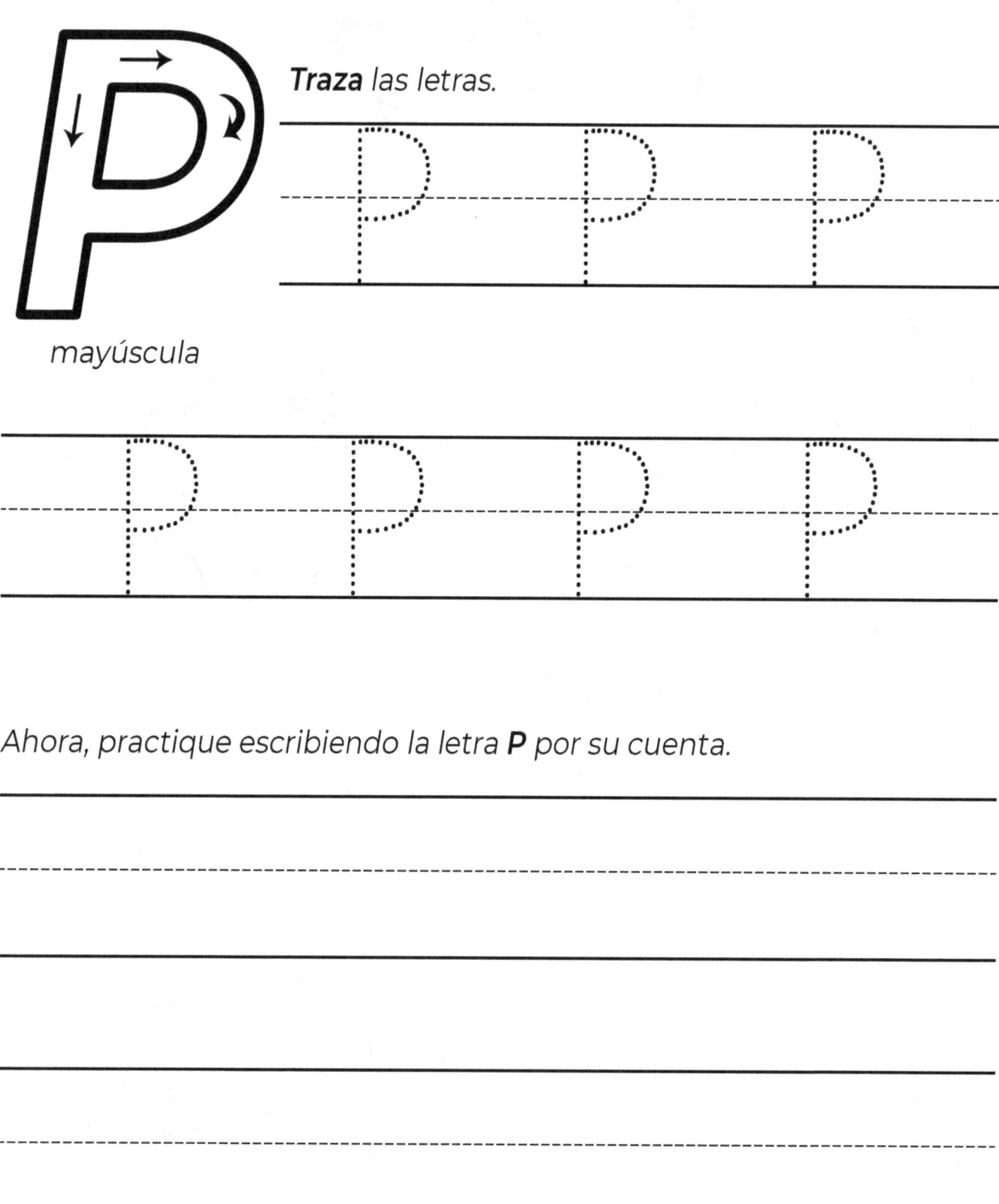

**Traza** las letras.

mayúscula

Ahora, practique escribiendo la letra **P** por su cuenta.

Denver International SchoolHouse

Nombre:_____

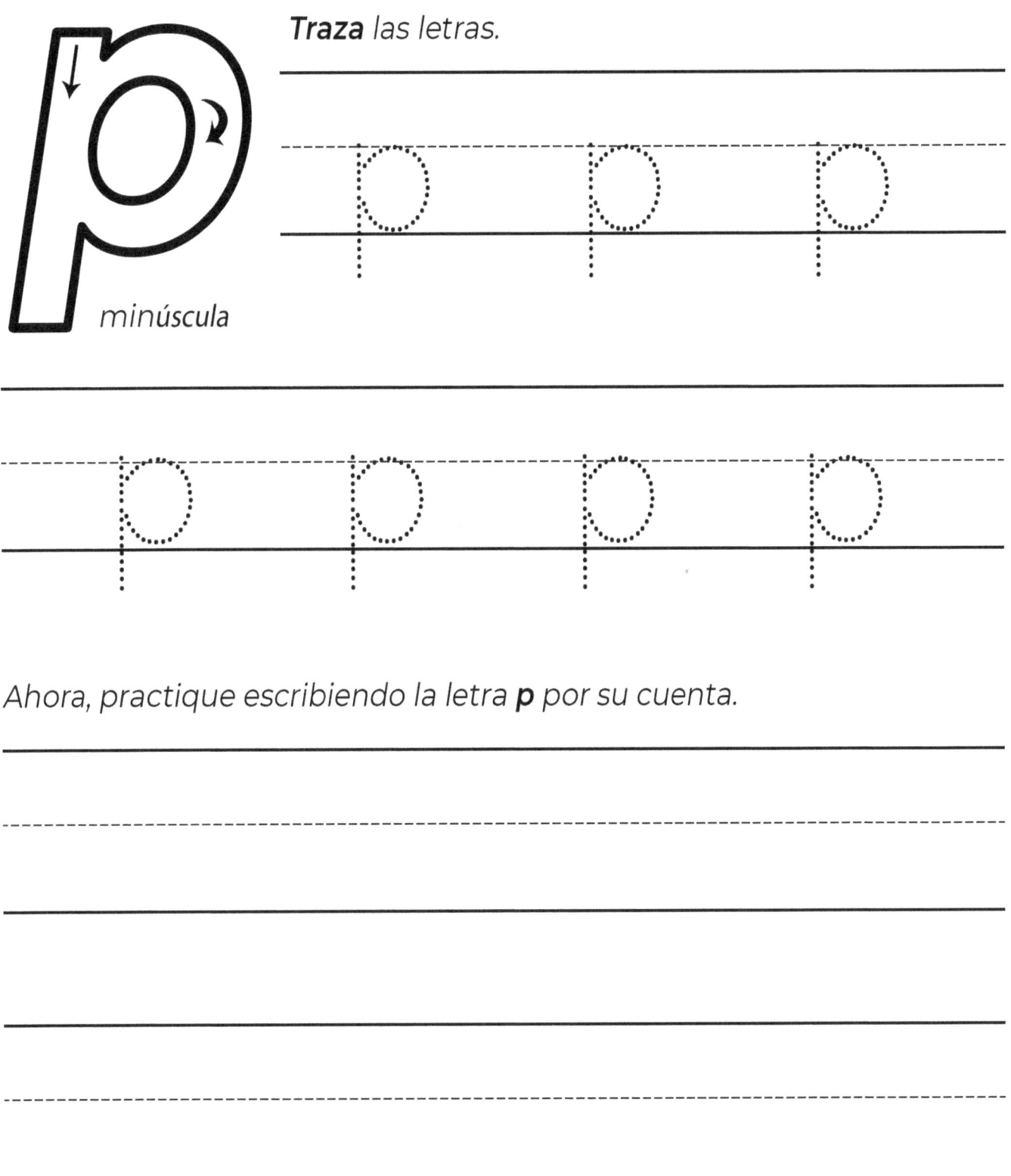

**Traza** las letras.

*minúscula*

Ahora, practique escribiendo la letra **p** por su cuenta.

Nombre:_____

Traza.

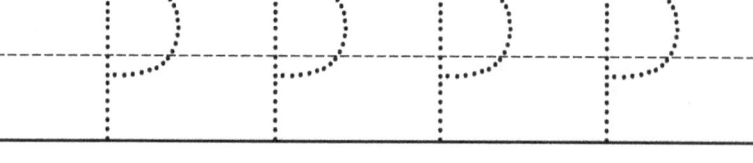
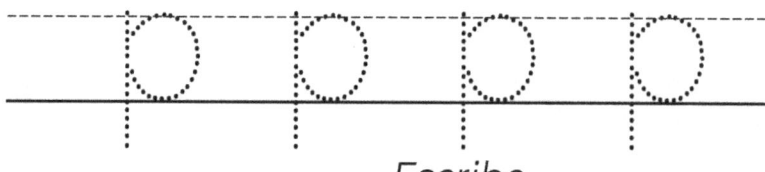

Encuentra.

Escribe.

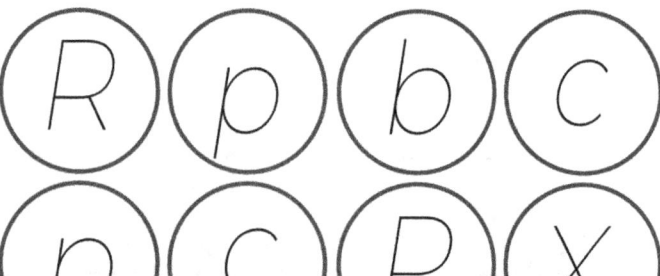
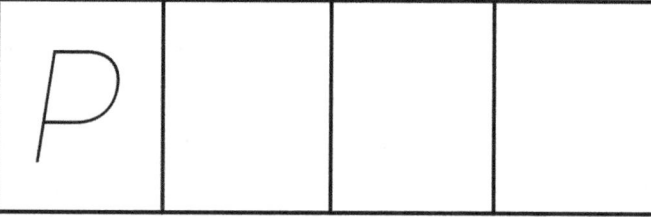

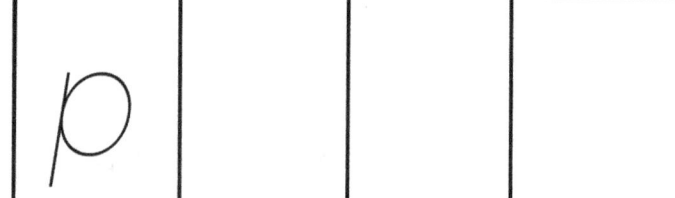

P　　　　p

Corta y Pega.

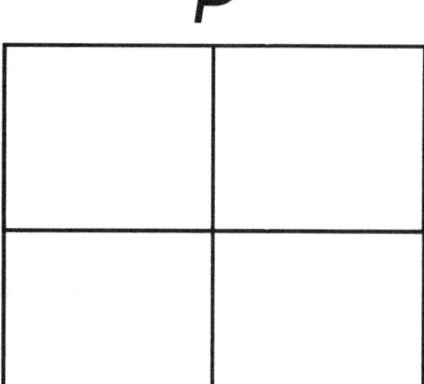
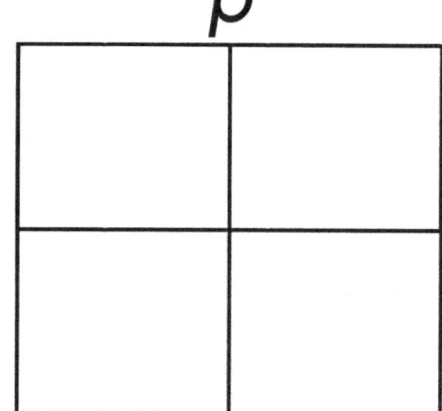

| P | p | P | p | P | P | p | p |

Denver International SchoolHouse

Nombre:_____

# Sonido inicial Pp

*Colorea el Pato.*

Nombre:_____

# M m

*Colorea las letras **Mm**.*

Nombre:_____

*mayúscula*

**Traza** *las letras.*

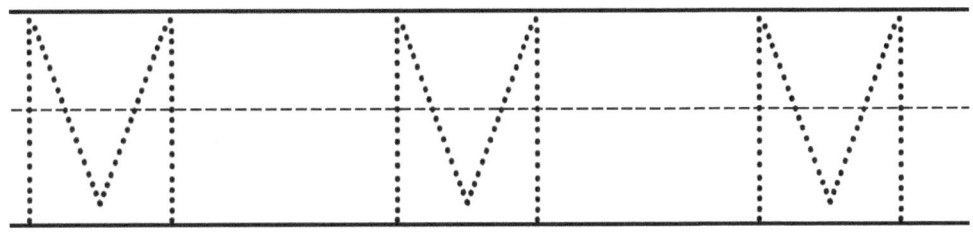

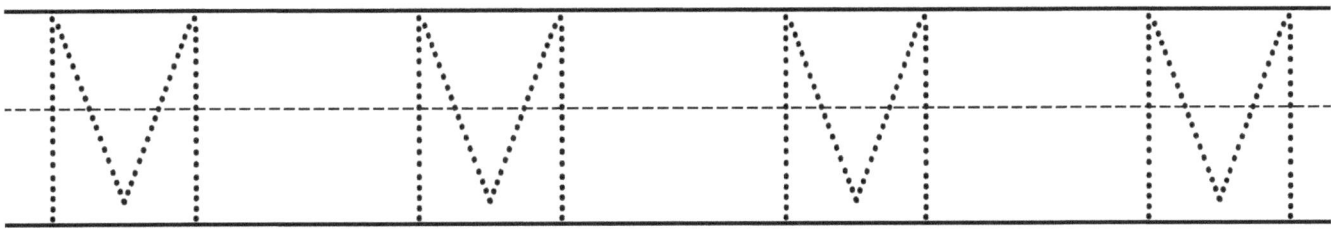

*Ahora, practique escribiendo la letra **M** por su cuenta.*

Nombre:_____

**Traza** las letras.

*minúscula*

Ahora, practique escribiendo la letra **m** por su cuenta.

Denver International SchoolHouse

Nombre:_____

Traza.

# Mm

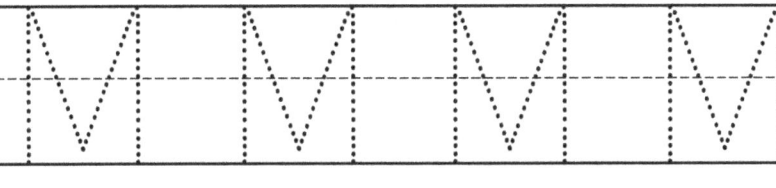

Encuentra.

Escribe.

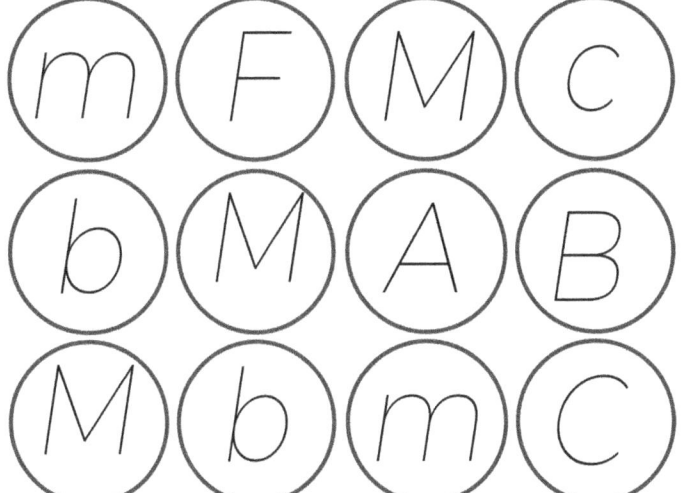

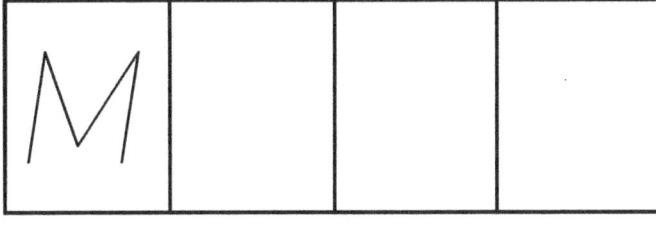

M          m

Corta y Pega.

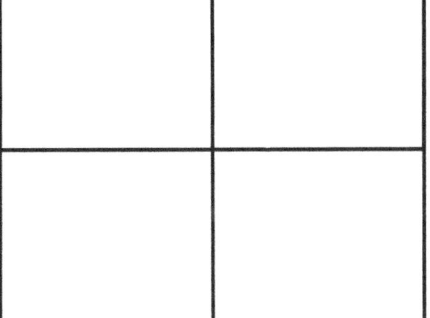

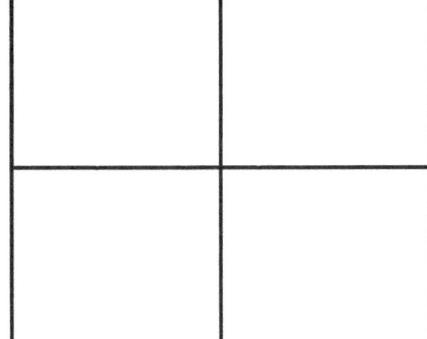

| m | m | m | m | M | M | M | M |

Denver International SchoolHouse

Nombre:_____

# Sonido inicial Mm

*Colorea el Molino.*

Nombre:_____

# U  u

*Colorea las letras Uu.*

Nombre:_____

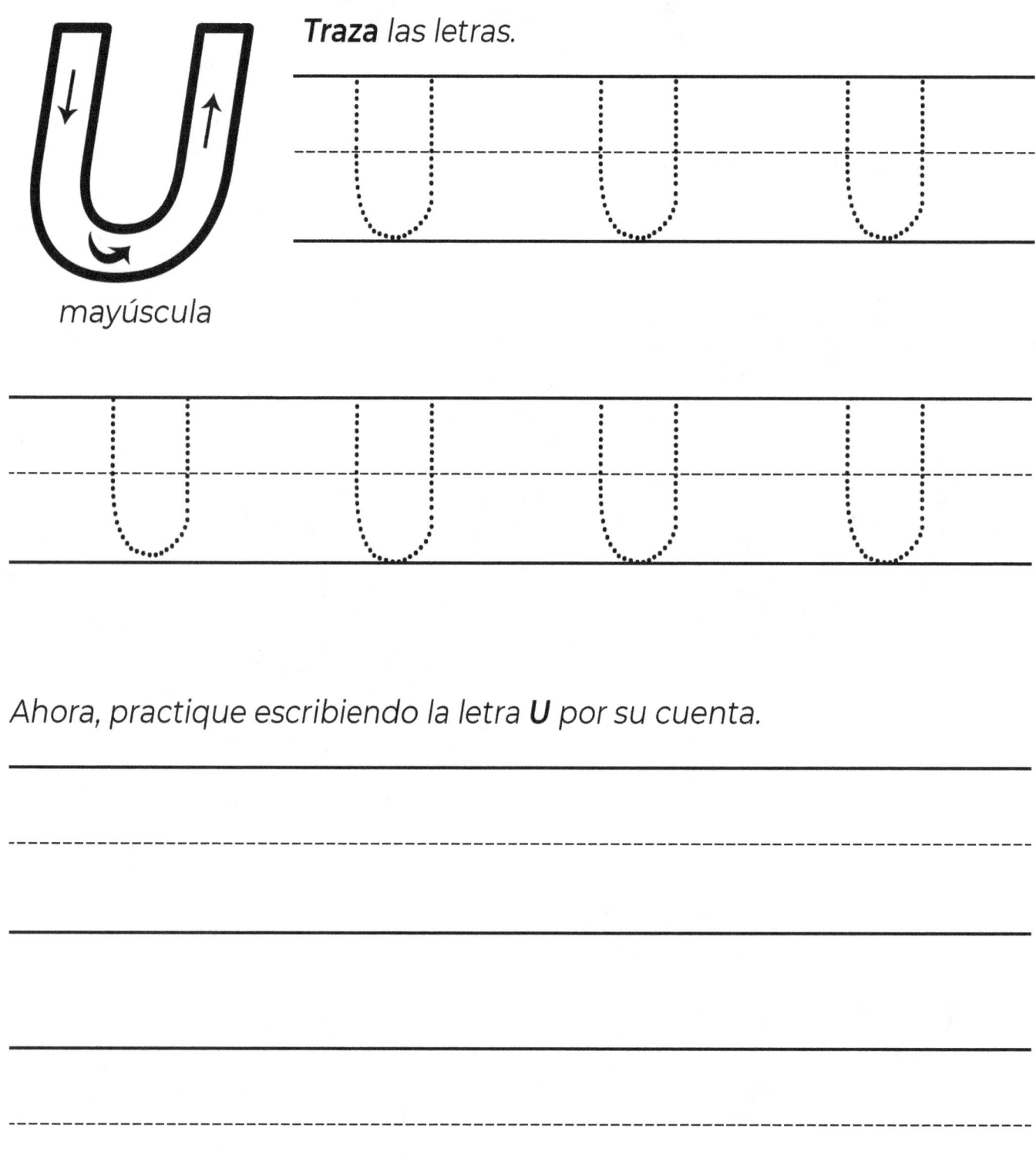

*mayúscula*

**Traza** las letras.

Ahora, practique escribiendo la letra **U** por su cuenta.

Nombre:_____

**Traza** las letras.

u

*minúscula*

Ahora, practique escribiendo la letra **u** por su cuenta.

Nombre:_____

Traza.

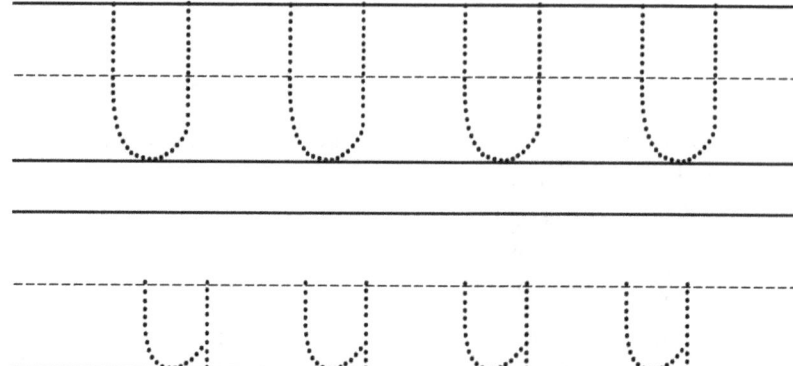

Encuentra.

Escribe.

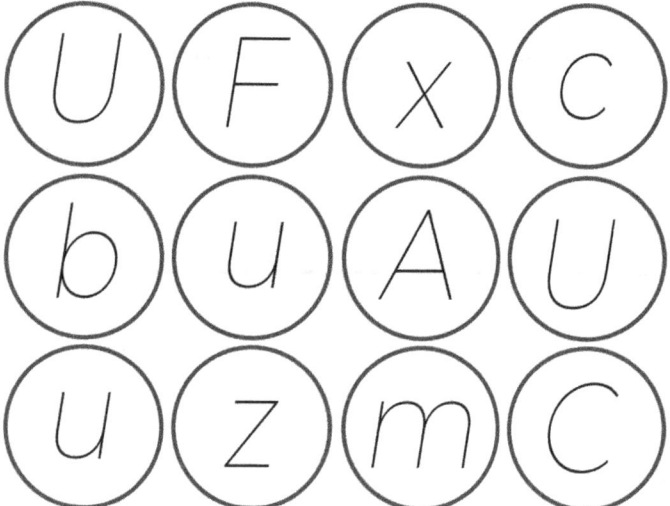
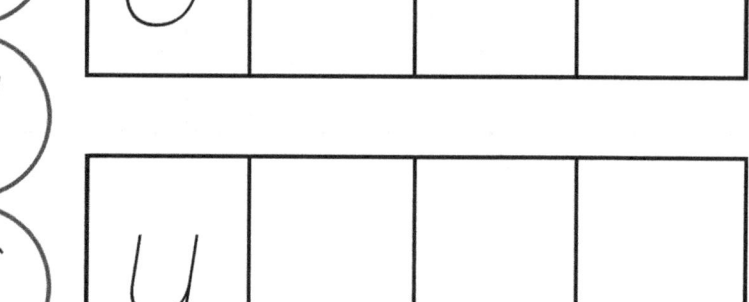

U  u

Corta y Pega.

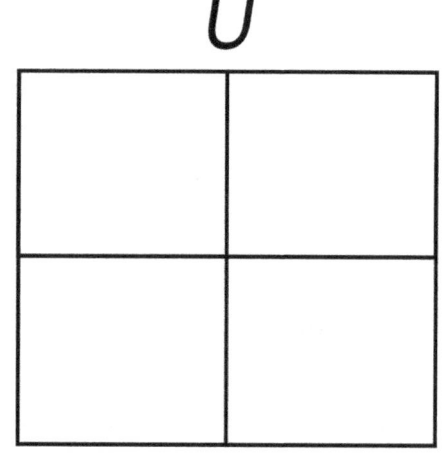
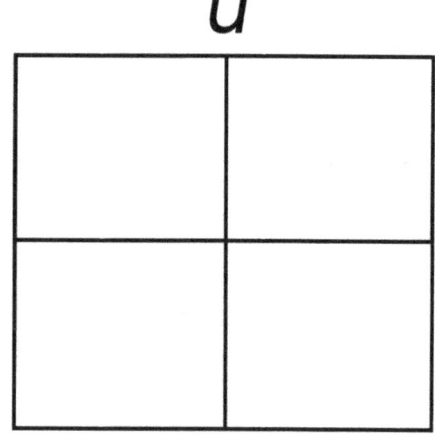

| u | u | U | U | U | U | u | u |

Nombre:_____

# Sonido inicial Uu

*Colorea el Unicornio.*

Nombre:____________________

# C  c

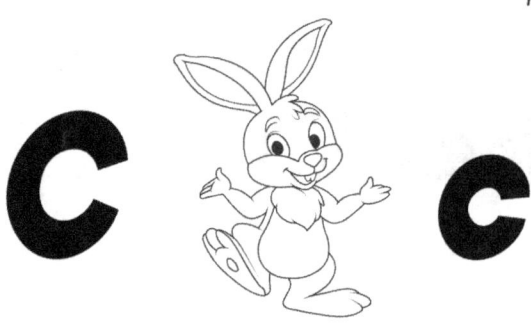

*Sigue las letras* **C** *y* **c** *para dibujar el camino del conejo hacia la zanahoria.*

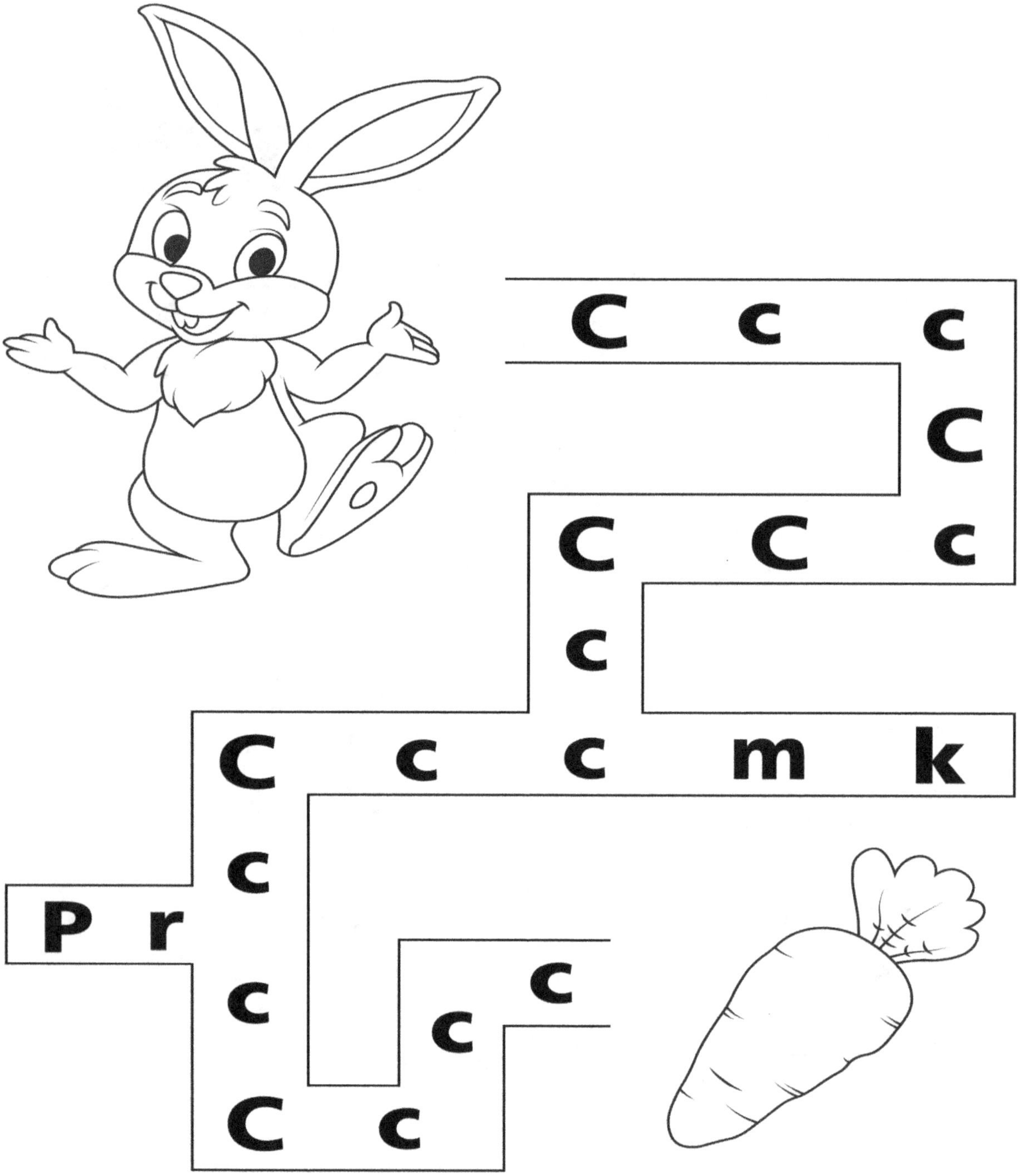

Nombre:_____

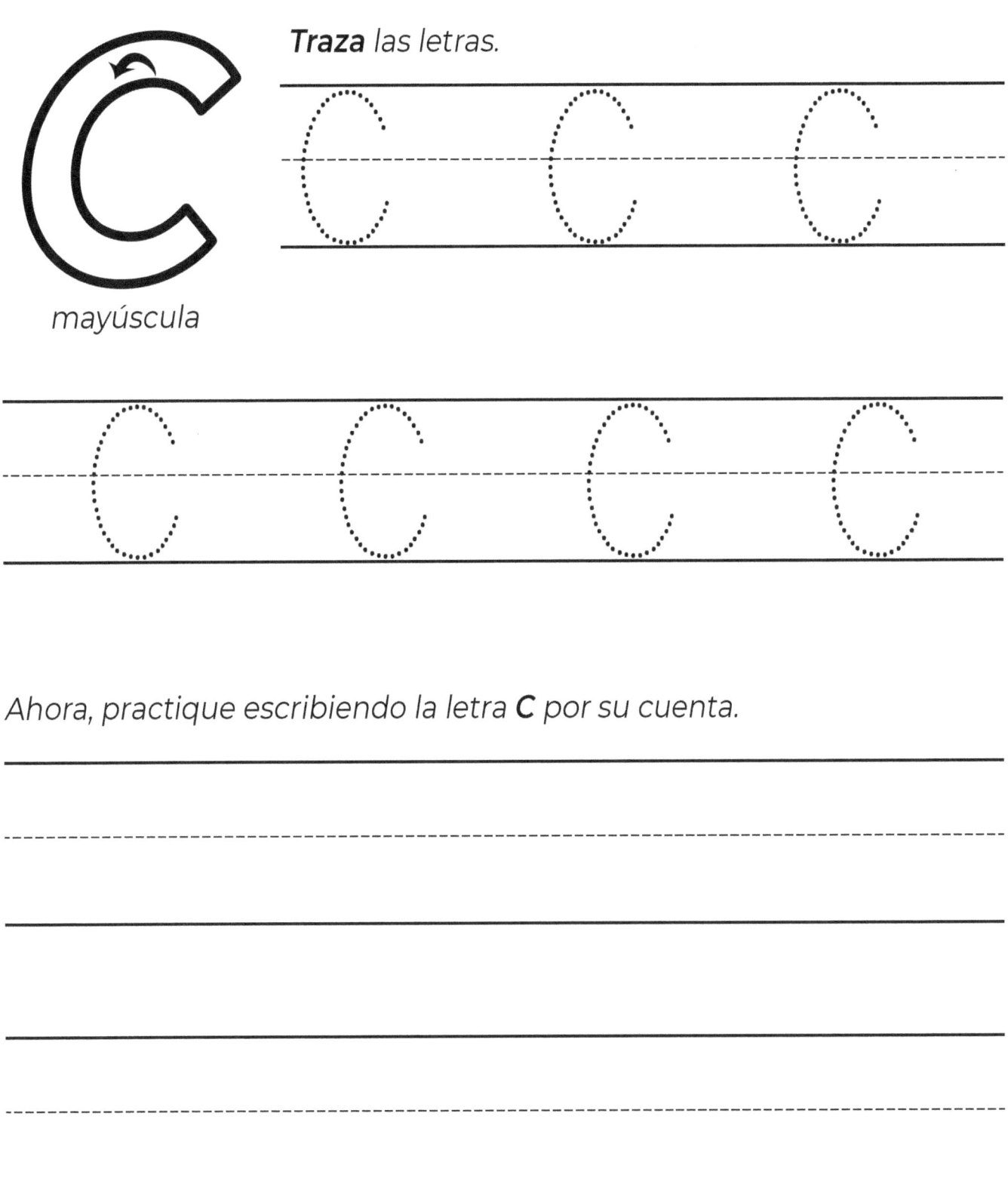

**Traza** *las letras.*

*mayúscula*

Ahora, practique escribiendo la letra **C** por su cuenta.

Nombre:_____

**Traza** las letras.

C

*minúscula*

Ahora, practique escribiendo la letra **c** por su cuenta.

Nombre:_____

*Traza.*

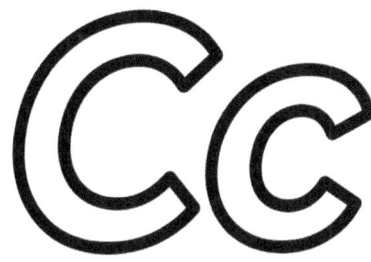
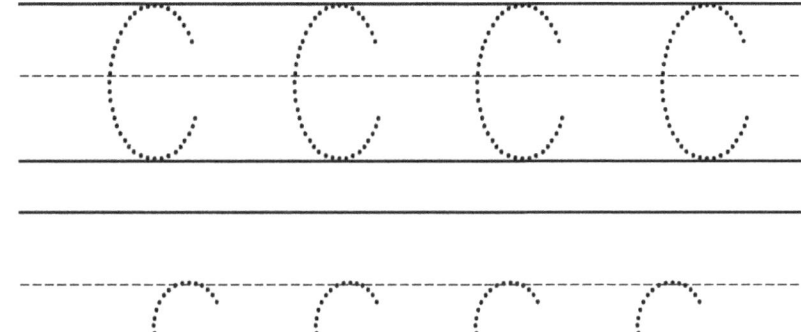

*Encuentra.* *Escribe.*

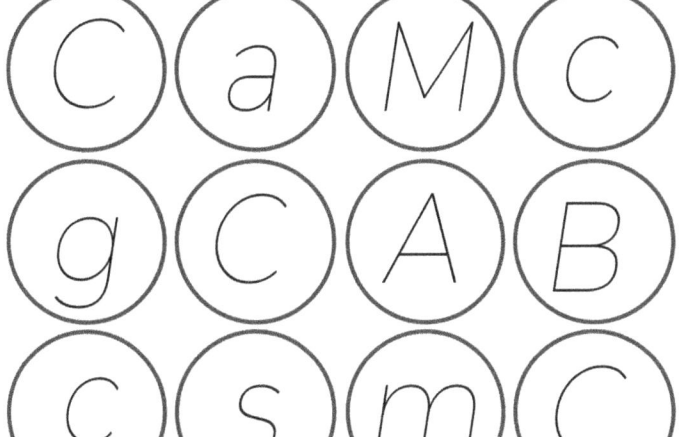
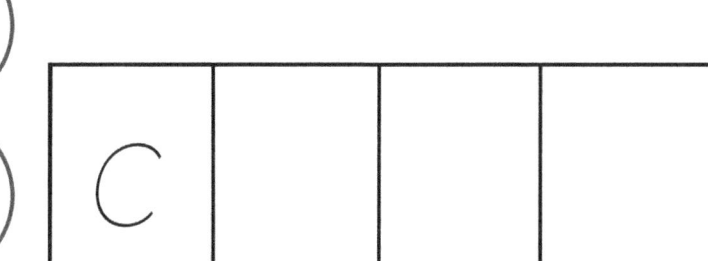

C  c

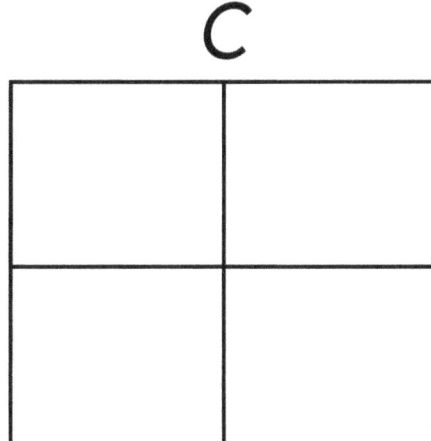

*Corta y Pega.*

| c | C | c | c | c | c | C | C |

Nombre:_____

# Sonido inicial Cc

Colorea el Canguro.

Nombre:____________________

# W  w

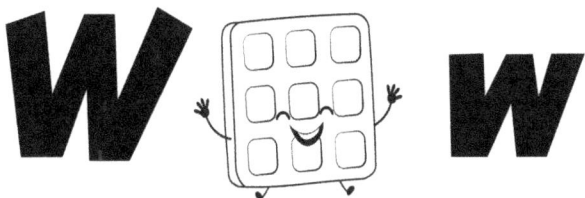

*Sigue las letras* W *y* w *para dibujar el camino hacia el Wafle.*

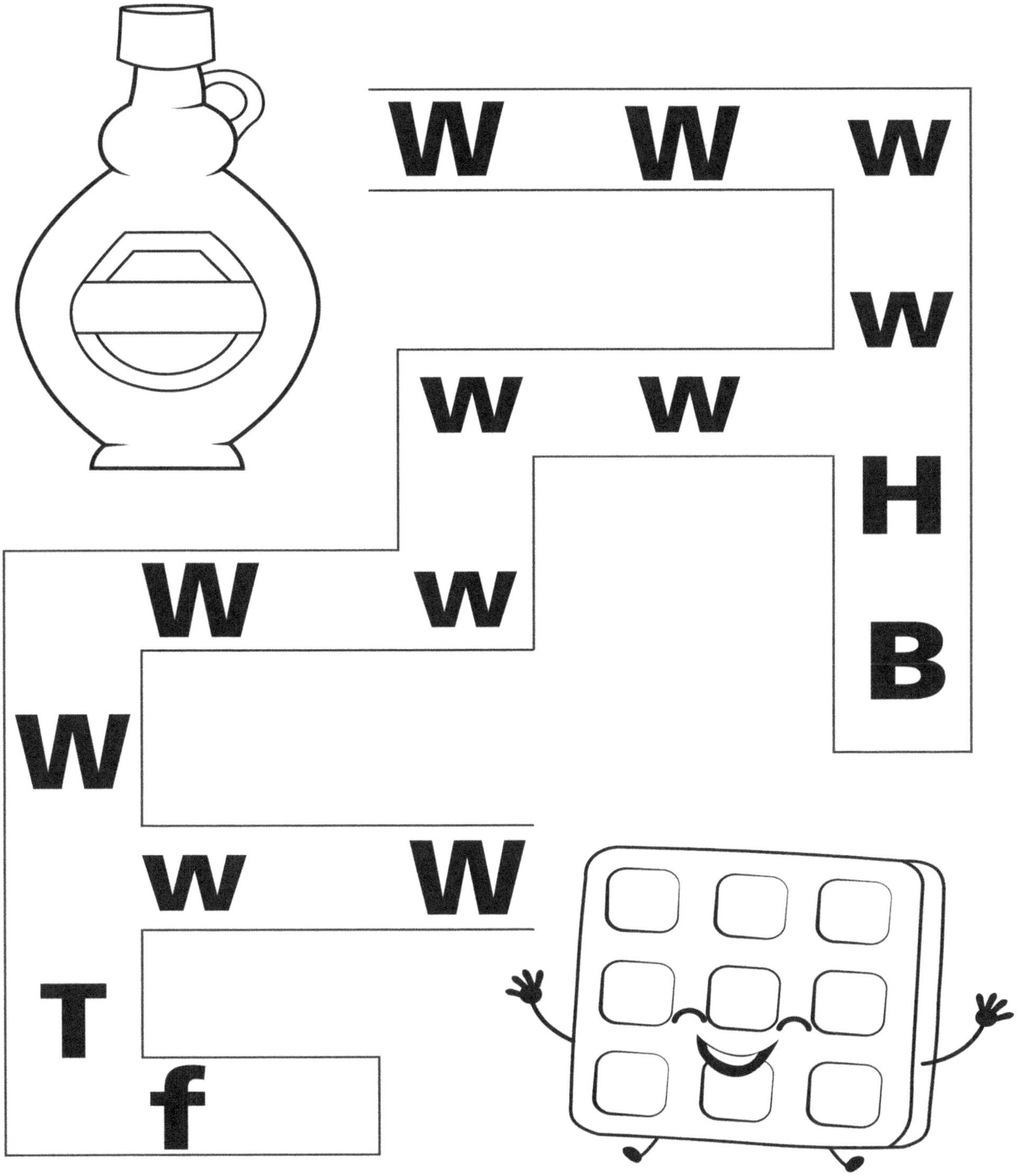

Nombre:_____

**Traza** las letras.

*mayúscula*

Ahora, practique escribiendo la letra **W** por su cuenta.

Nombre:_____

**Traza** las letras.

*minúscula*

Ahora, practique escribiendo la letra **w** por su cuenta.

Nombre:_____

Traza.

Encuentra.

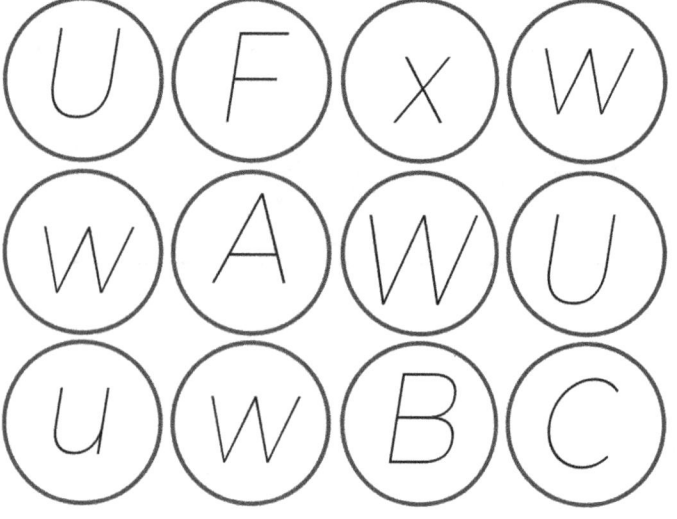

Escribe.

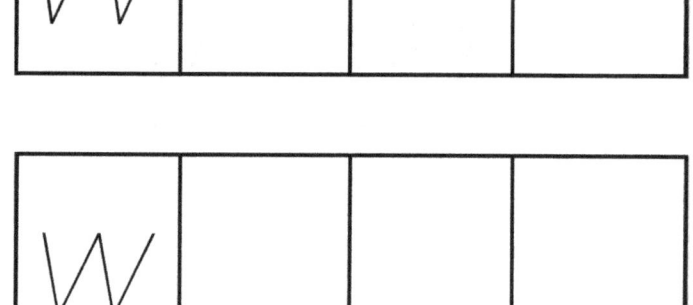

Corta y Pega.

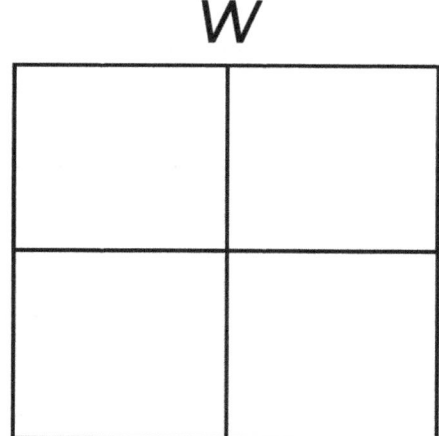

# Sonido inicial Ww

*Colorea los Walkie Talkie.*

Nombre:________________________

# R  r

*Sigue las letras **R** y **r** para dibujar el camino del Rato al queso.*

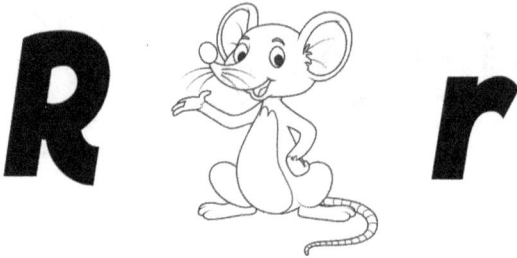

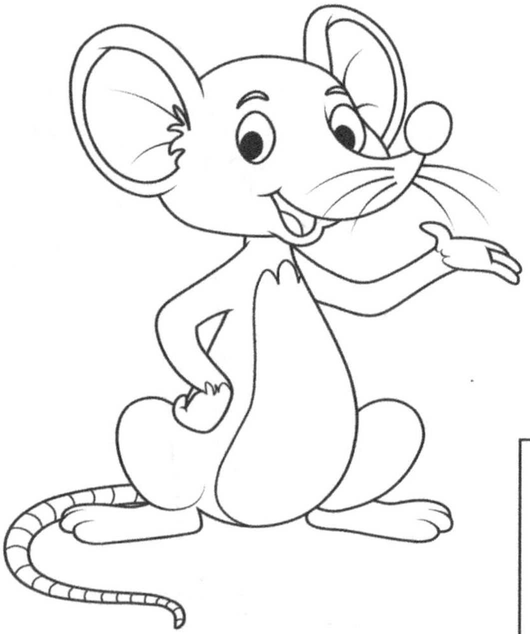

R r R

r

r R

K

r r R

R

r R

z

t b

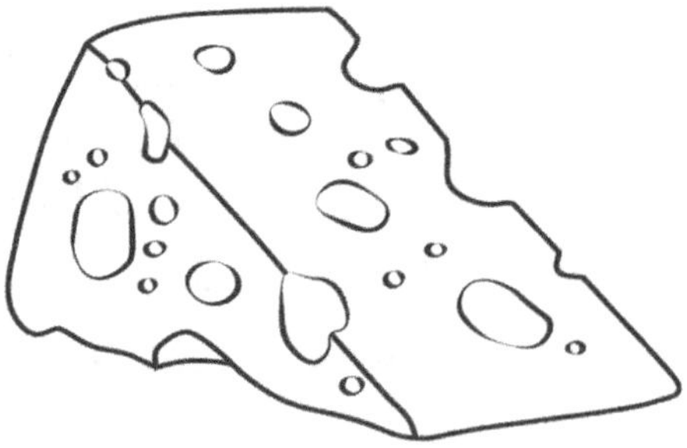

Nombre:_____

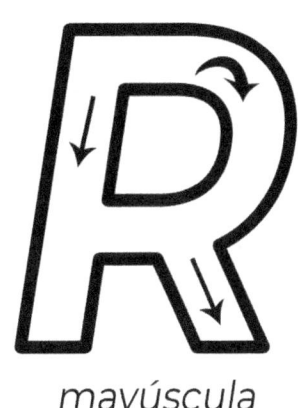

*mayúscula*

**Traza** *las letras.*

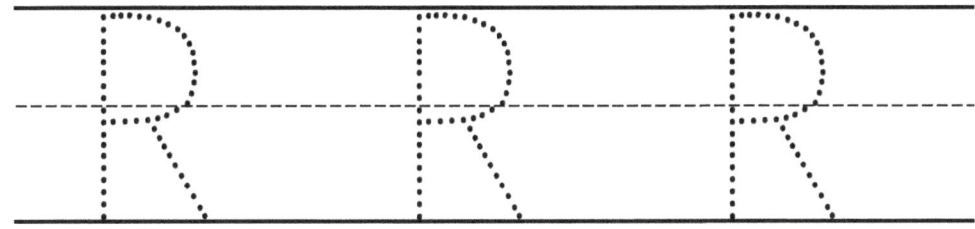

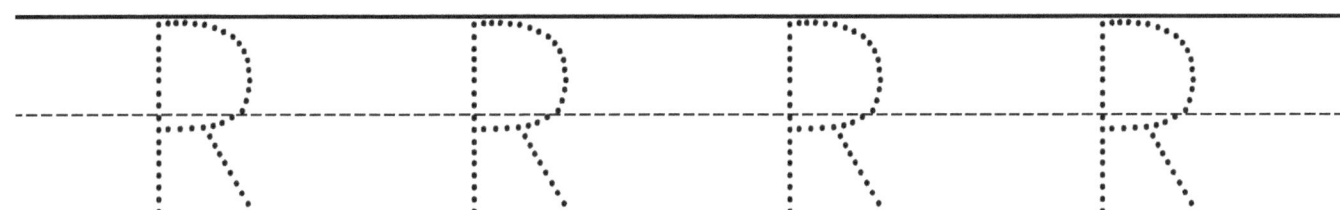

Ahora, practique escribiendo la letra **R** por su cuenta.

Nombre:_____

**Traza** las letras.

*minúscula*

Ahora, practique escribiendo la letra **r** por su cuenta.

Denver International SchoolHouse

Nombre:_____

Traza.

Encuentra.

Escribe.

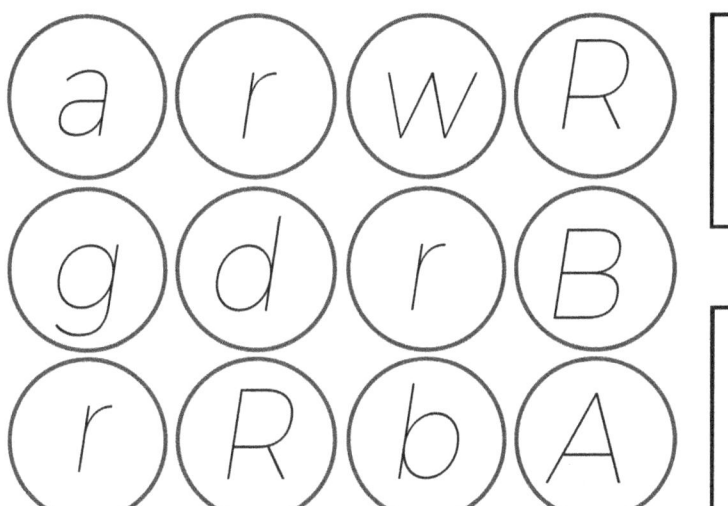

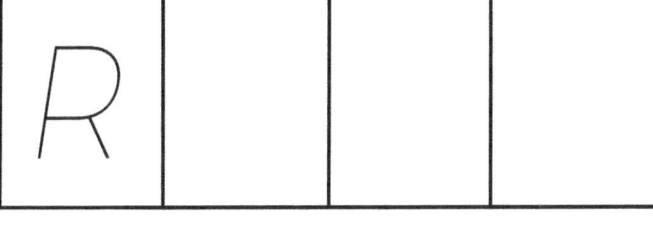

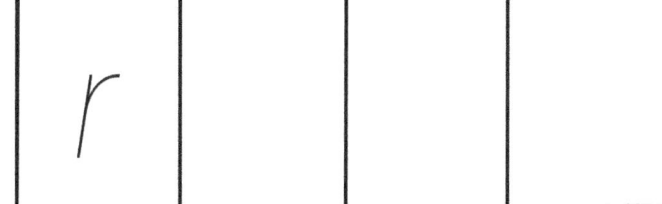

R  r

Corta y Pega.

| R | R | R | R | r | r | r | r |

Nombre:_____

# Sonido inicial Rr

*Colorea la Rana.*

Nombre:_____

# G  g

*Circula los globos que contengas las letras G y g.*

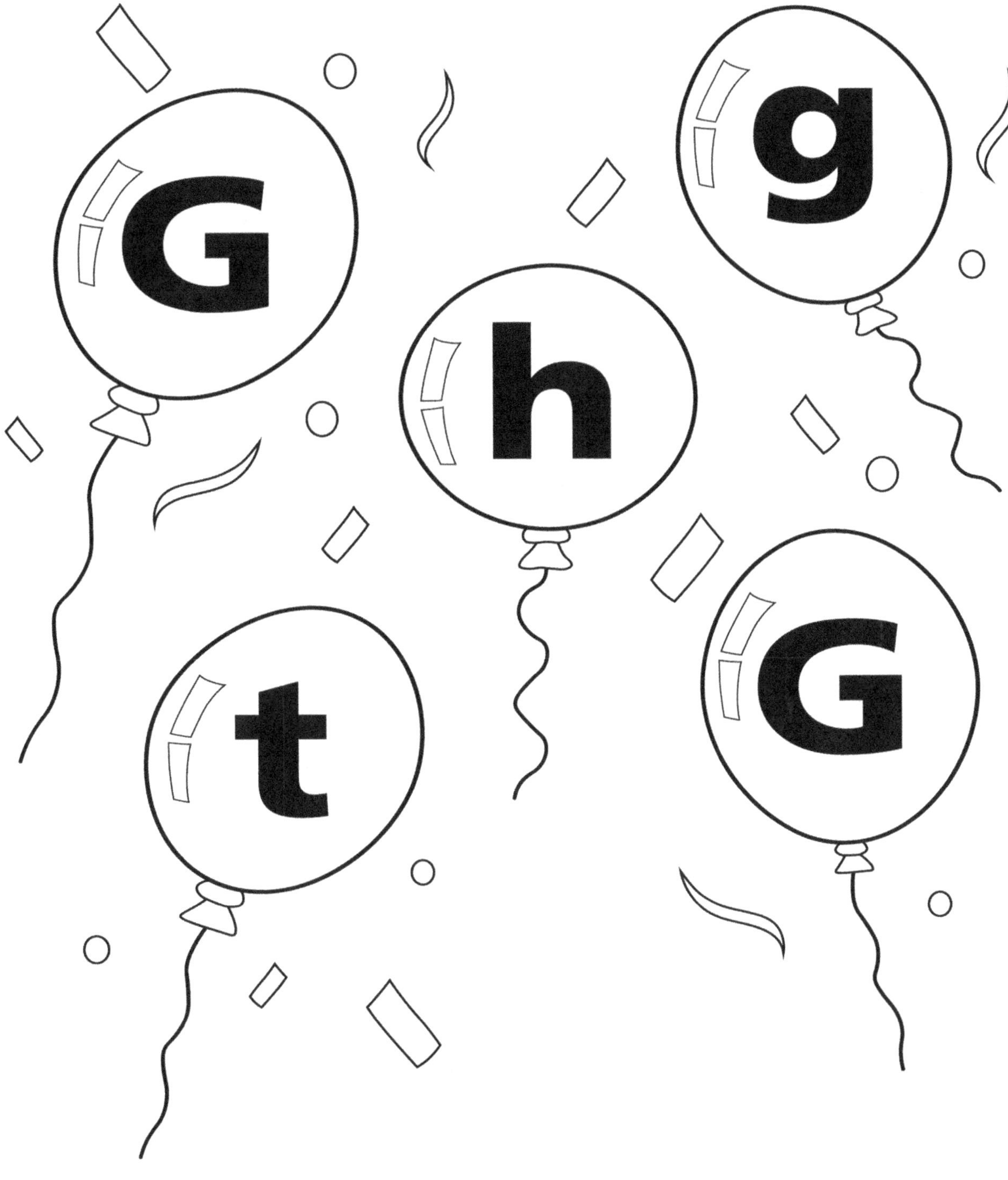

Nombre:_____

**Traza** las letras.

*mayúscula*

Ahora, practique escribiendo la letra **G** por su cuenta.

Nombre:_____

**Traza** las letras.

*minúscula*

Ahora, practique escribiendo la letra **g** por su cuenta.

Nombre:_____

Traza.

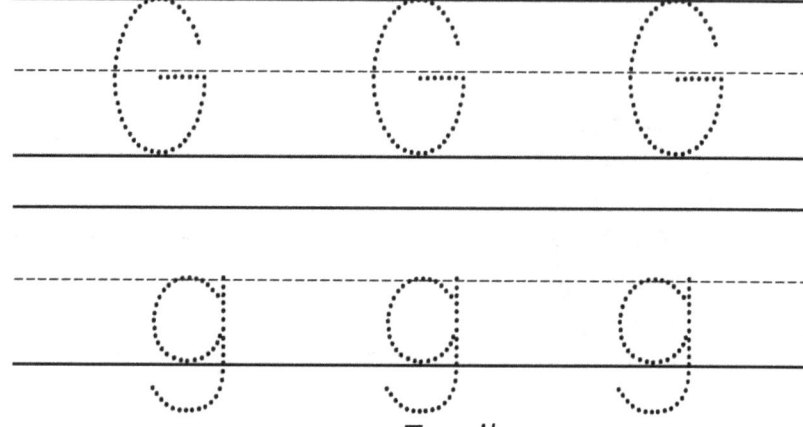

Encuentra.

Escribe.

Pega

G      g

| g | G | g | G | g | G | g | G |

Nombre:_____

# Sonido inicial Gg

*Colorea el Gato.*

Nombre:________________

# Y  y

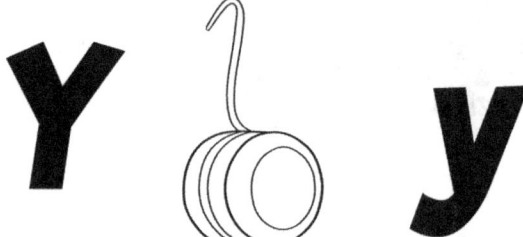

*Colorea las letras* ***Yy.***

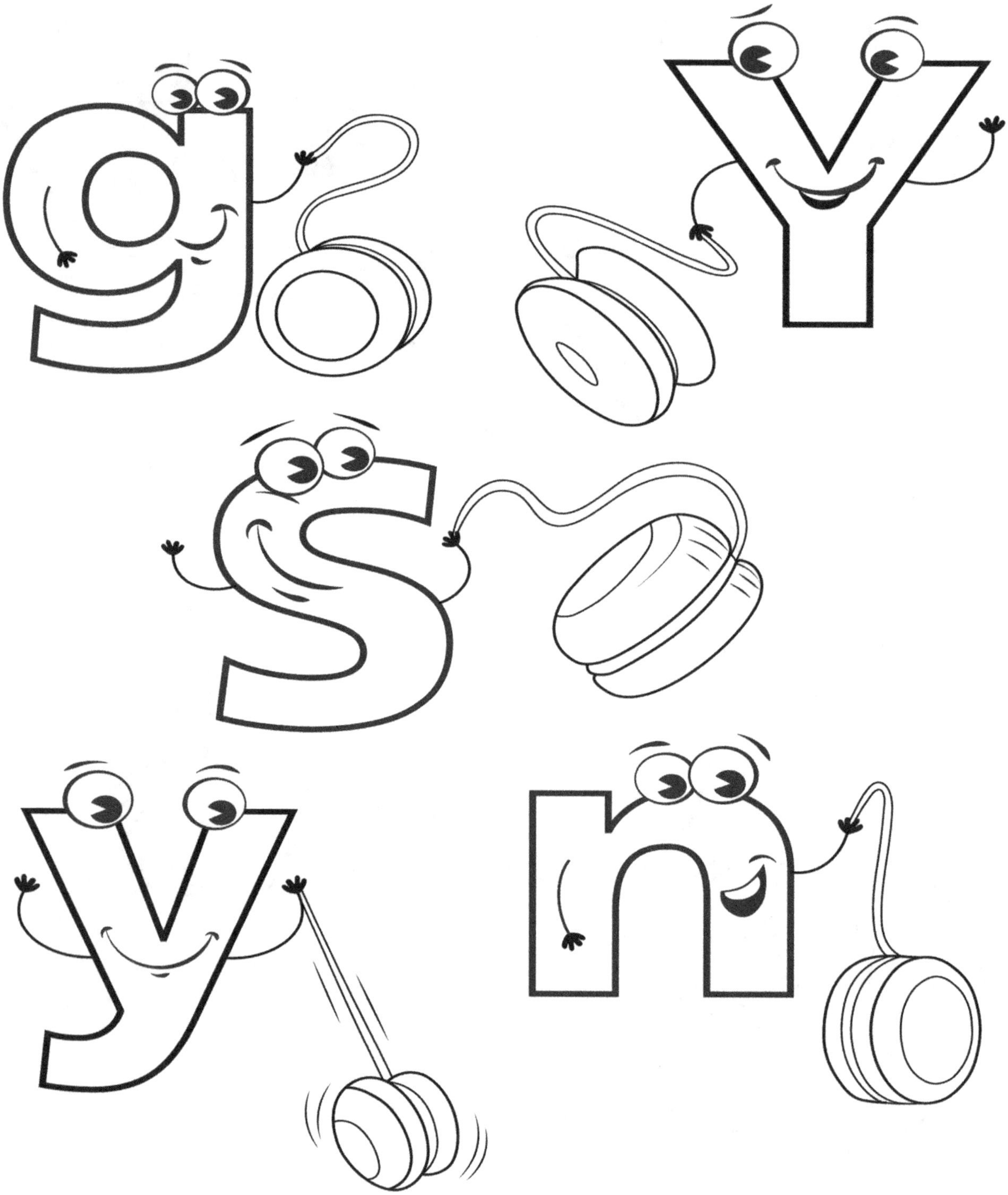

Nombre:_____

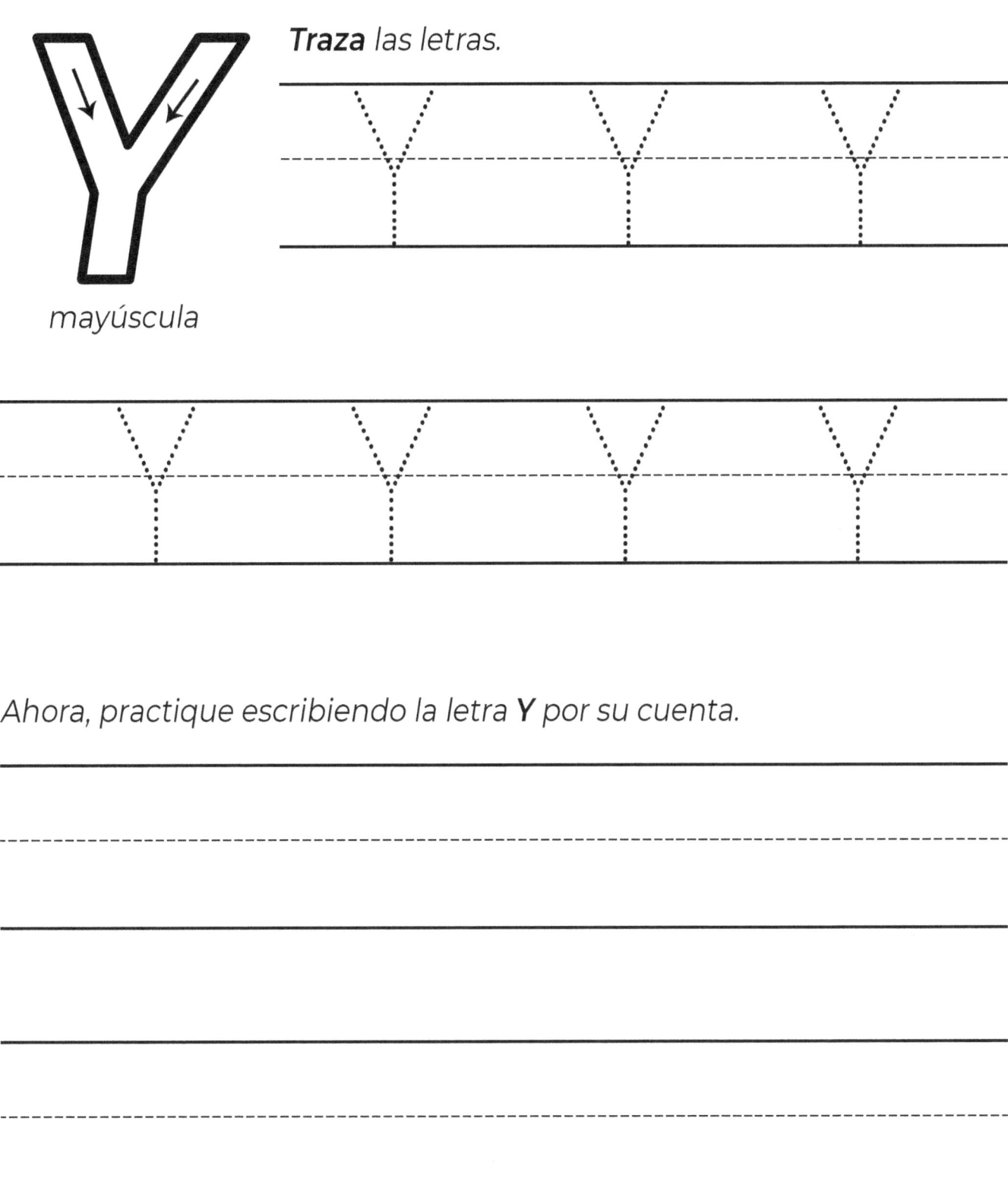

**Traza** las letras.

*mayúscula*

Ahora, practique escribiendo la letra **Y** por su cuenta.

Nombre:_____

**Traza** las letras.

*minúscula*

y y y

y y y y

Ahora, practique escribiendo la letra **y** por su cuenta.

Nombre:_____

# Yy

**Traza.**

**Encuentra.**

| y | r | Y | R |
| g | y | r | B |
| Y | R | y | A |

**Escribe.**

Y

y

**Corta y Pega.**

Y     y

| Y | y | Y | y | Y | y | Y | y |

Nombre:_____

# Sonido inicial Yy

*Colorea el Yeso del niño.*

Nombre:_____

# Q  q

*Colorea las letras Qq.*

Nombre:_____

**Traza** *las letras.*

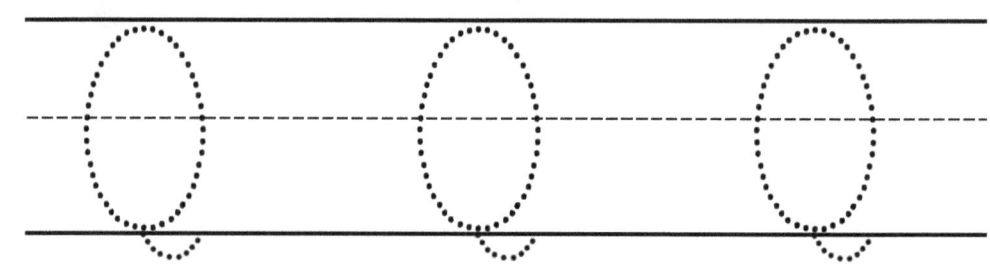

*mayúscula*

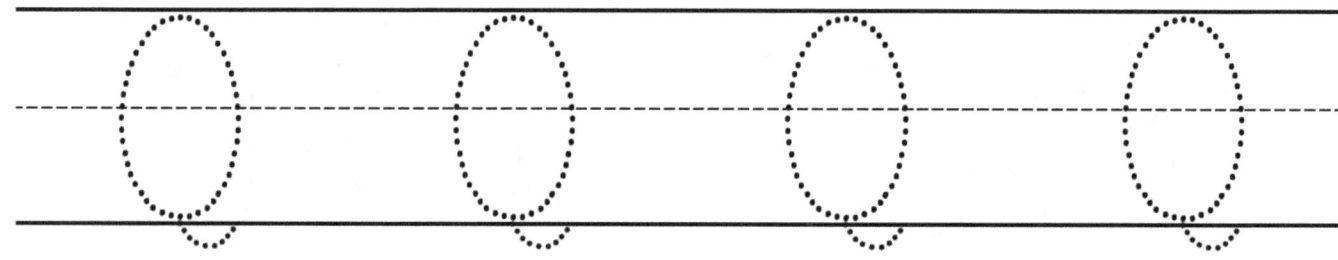

Ahora, practique escribiendo la letra **Q** por su cuenta.

Nombre:_____

**q**

minúscula

**Traza** las letras.

Ahora, practique escribiendo la letra **q** por su cuenta.

83  Denver International SchoolHouse

Nombre:_____

Traza.

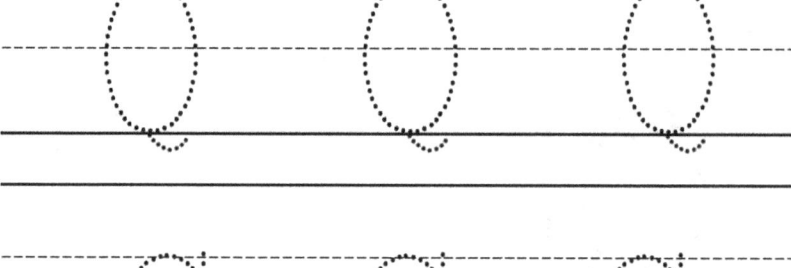

Encuentra.

Escribe.

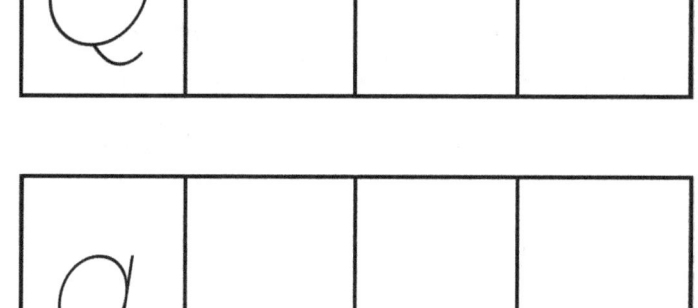

Q          q

Corta y Pega.

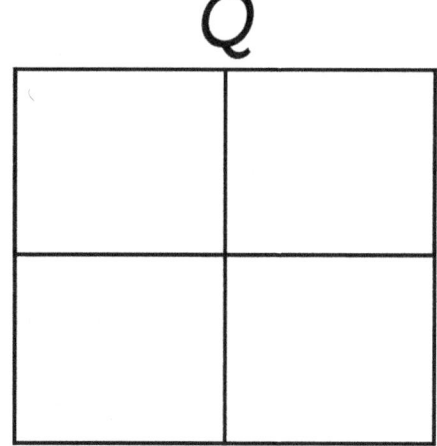
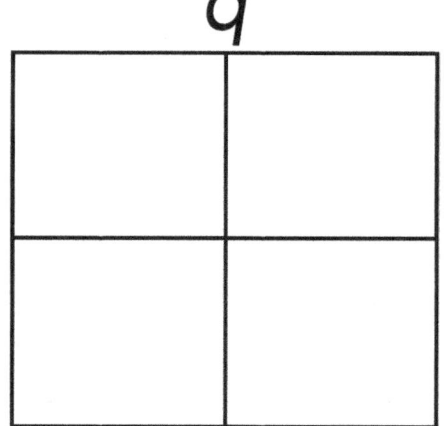

| q | q | q | q | Q | Q | Q | Q |

Nombre:_____

# Sonido inicial Qq

Colorea los Quesos.

Nombre:____________________

# V  v

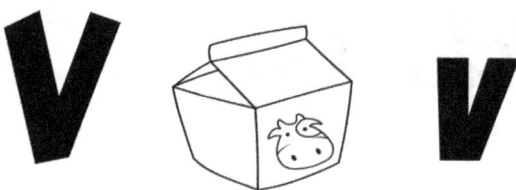

*Sigue las letras **V** y **v** para dibujar el camino de la vaca hacia la leche.*

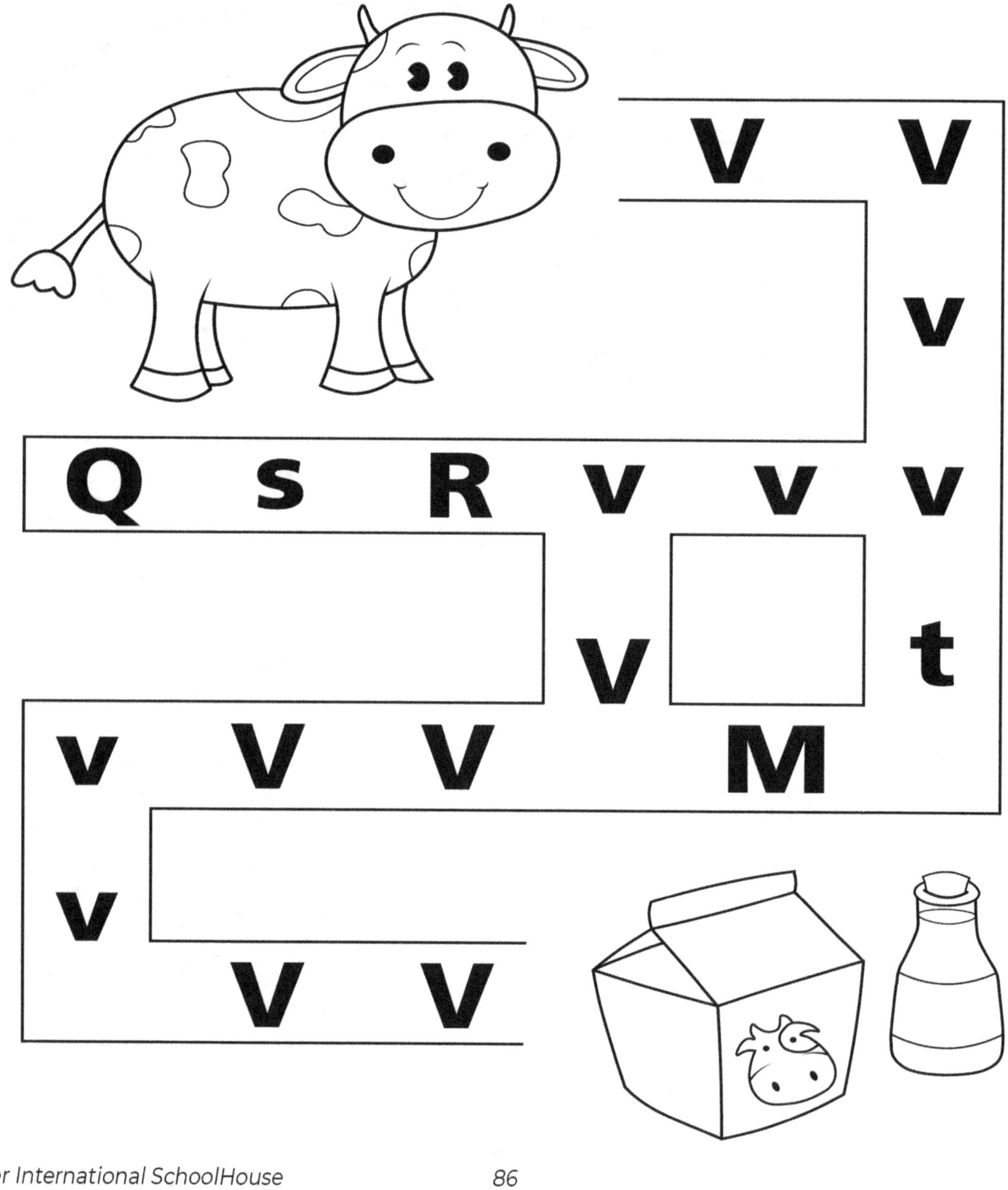

Nombre:_____

**Traza** las letras.

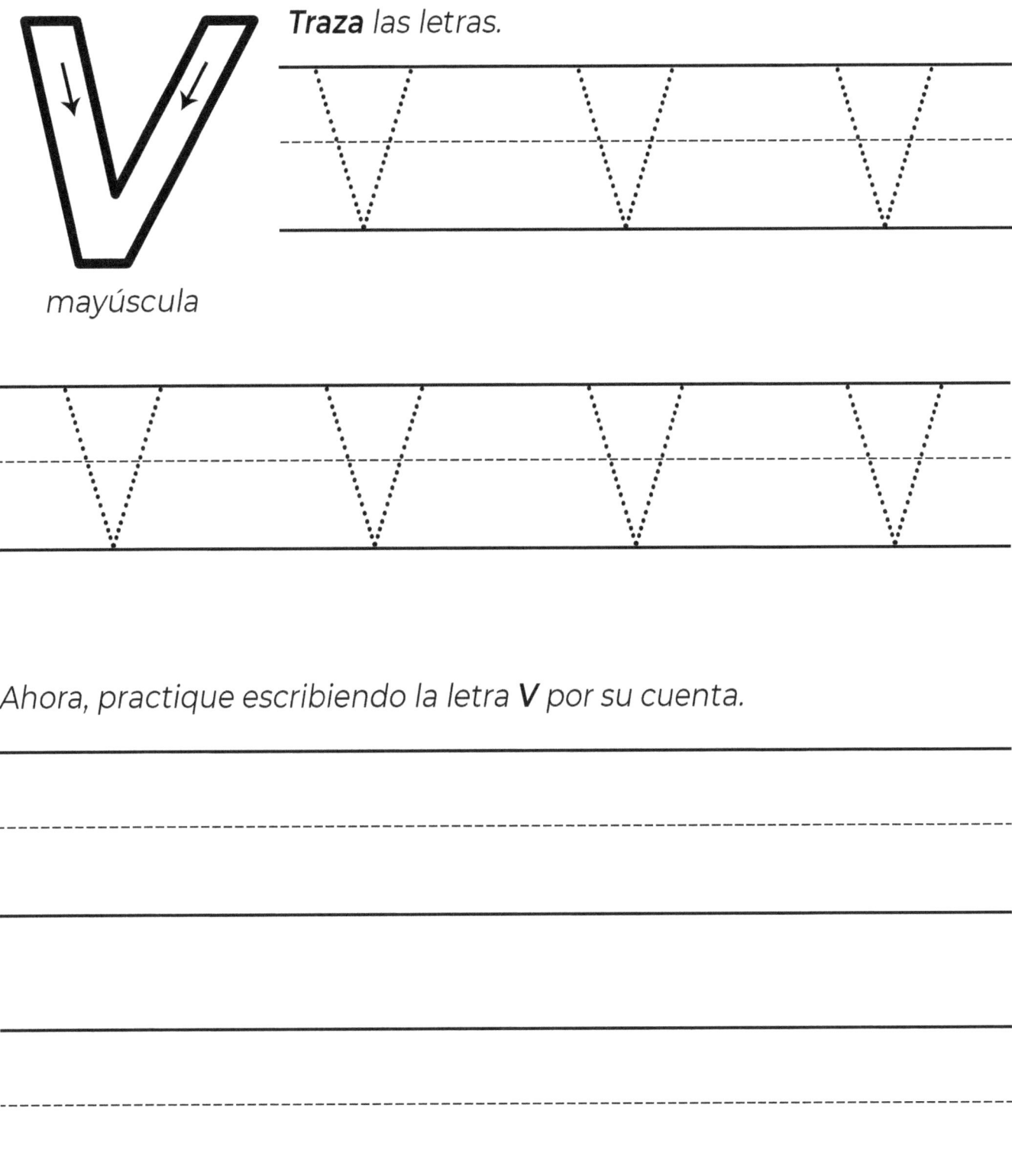

*mayúscula*

Ahora, practique escribiendo la letra **V** por su cuenta.

Nombre:_____

**Traza** las letras.

*minúscula*

Ahora, practique escribiendo la letra **v** por su cuenta.

Nombre:_____

Traza.

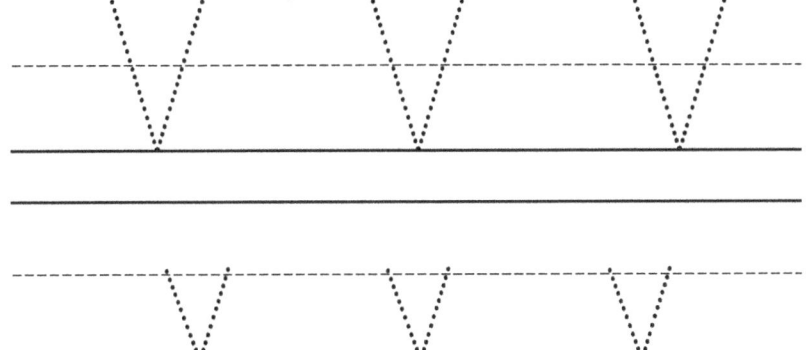

Encuentra.

Escribe.

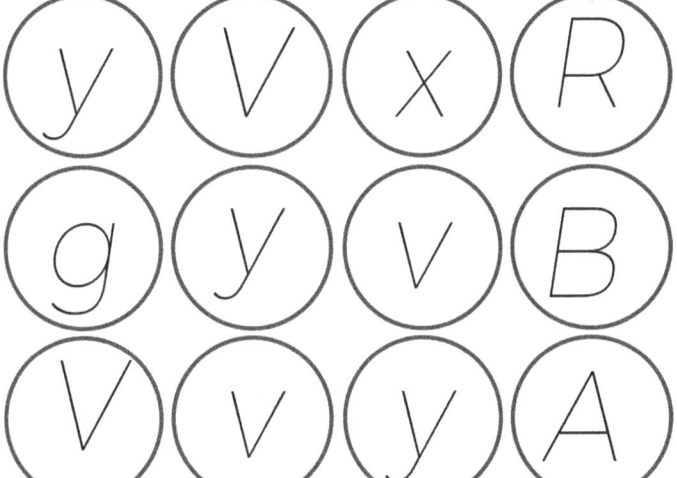
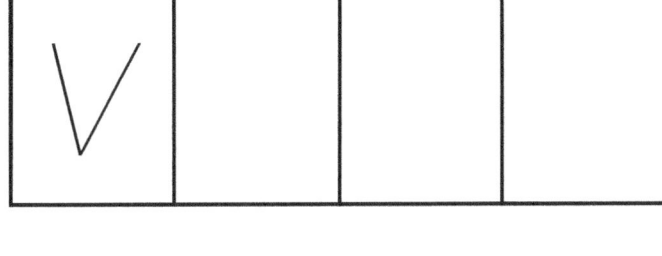

Corta y Pega.

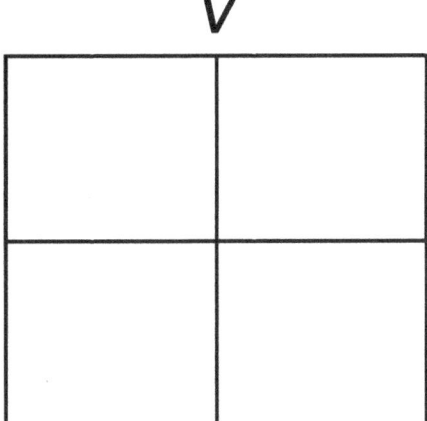

| V | v | v | V | V | V | V | v |

Denver International SchoolHouse

Nombre:_____

# Sonido inicial Vv

*Colorea el Volcán.*

Nombre:________________________

# J  j

*Sigue las letras J y j para dibujar el camino de los juguetes a la caja.*

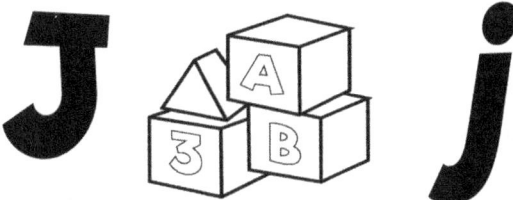

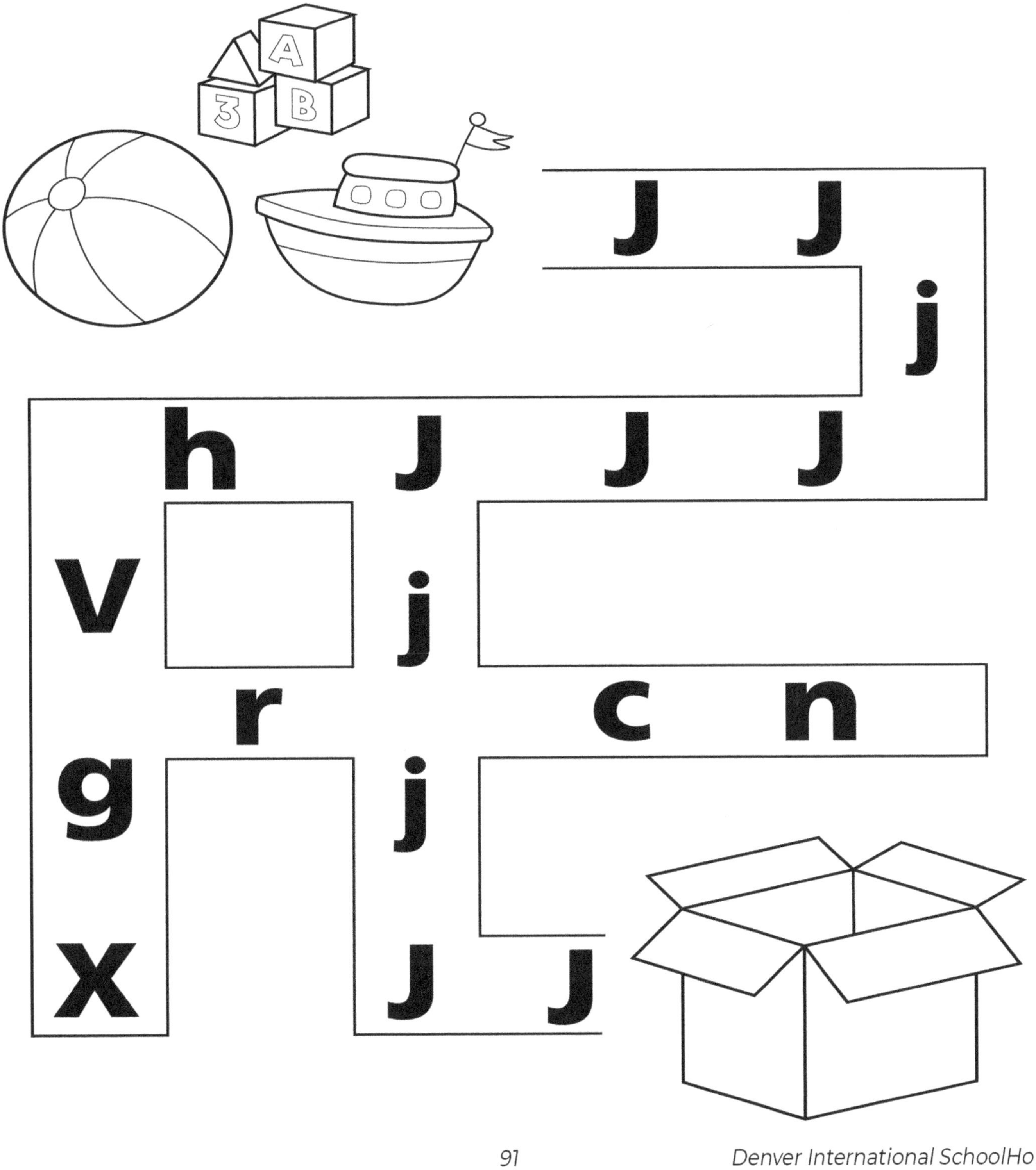

Nombre:_____

**Traza** las letras.

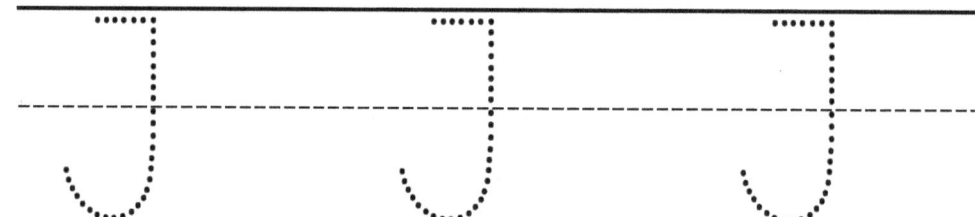

mayúscula

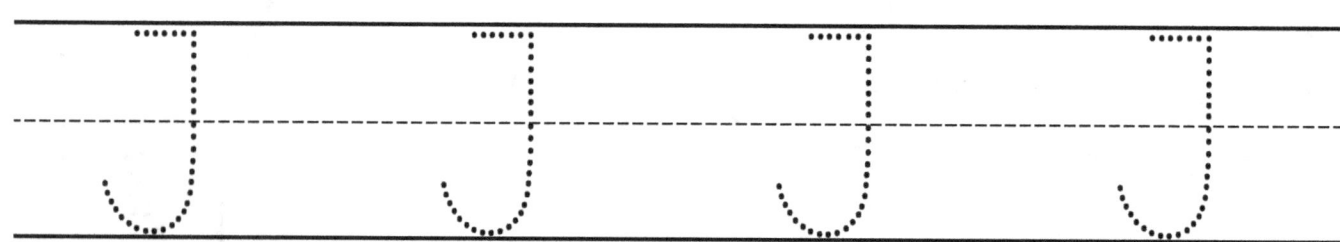

Ahora, practique escribiendo la letra **J** por su cuenta.

Denver International SchoolHouse

Nombre:_____

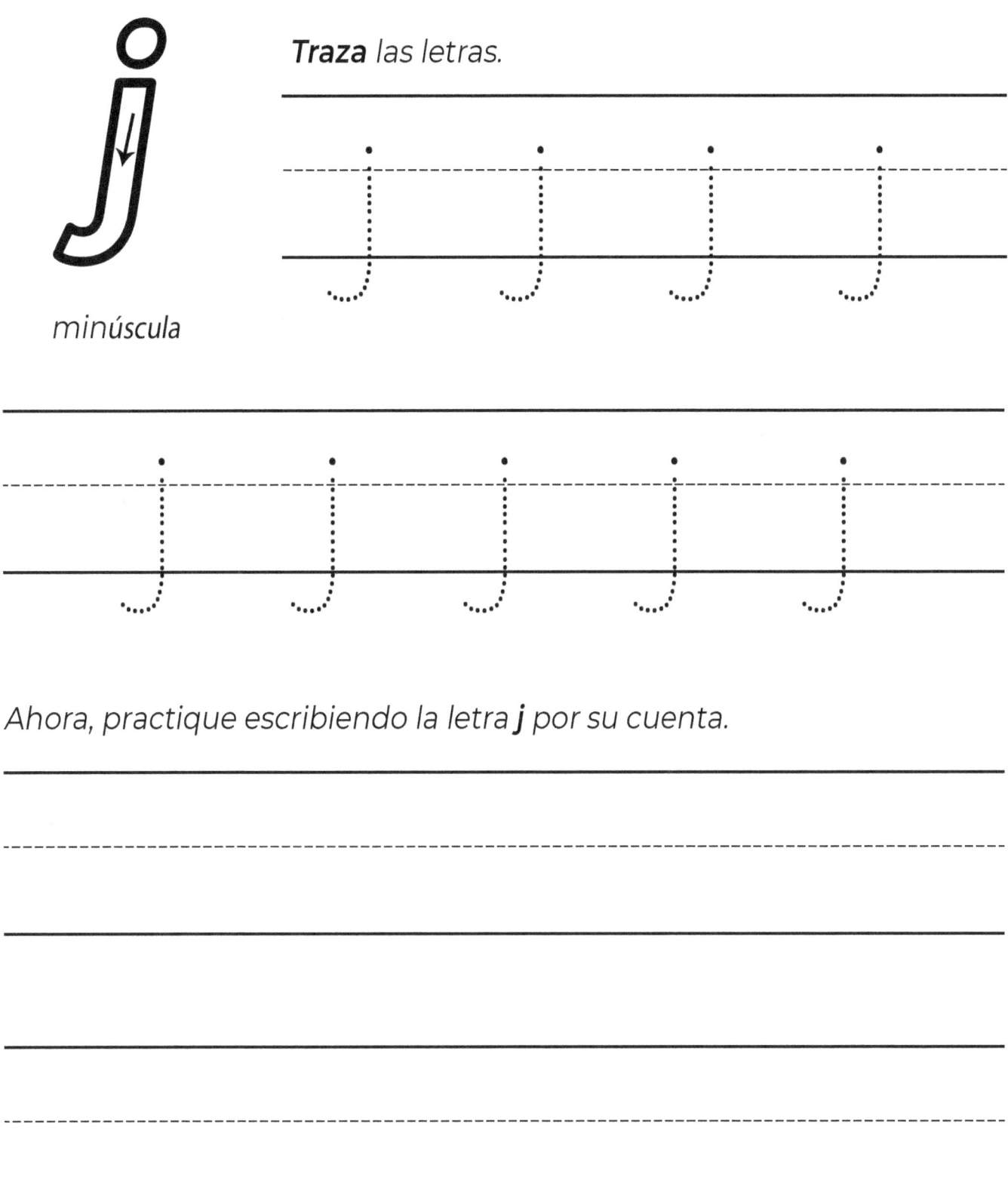

**Traza** las letras.

*minúscula*

Ahora, practique escribiendo la letra *j* por su cuenta.

Nombre:_____

Traza.

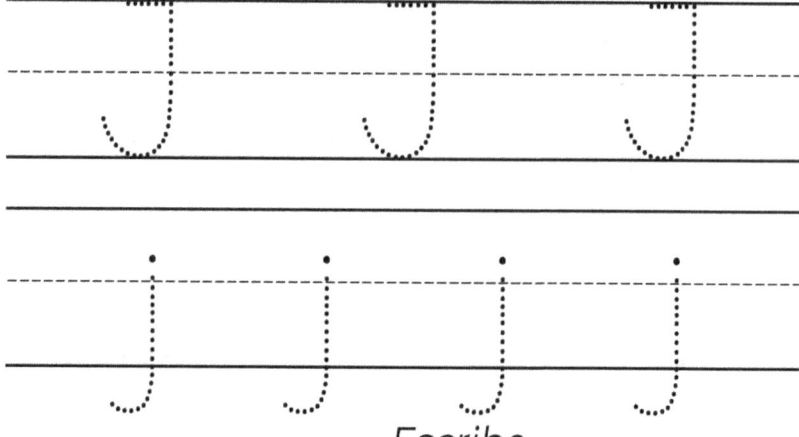

Encuentra.

Escribe.

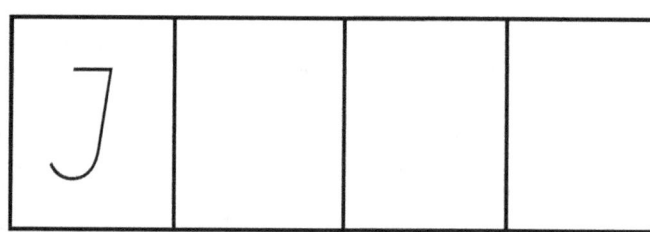

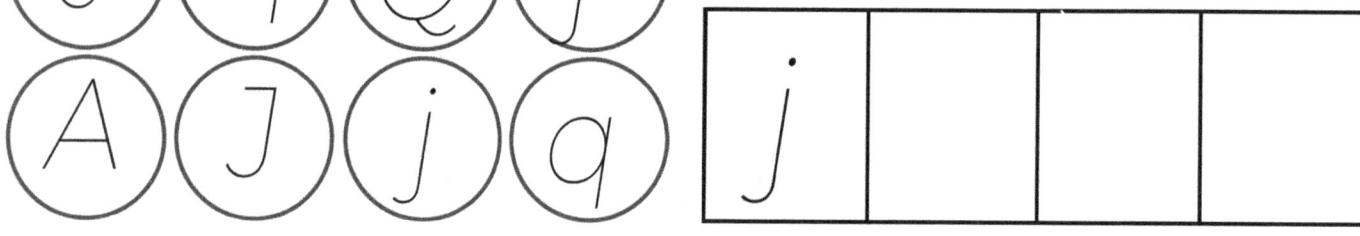

J          j

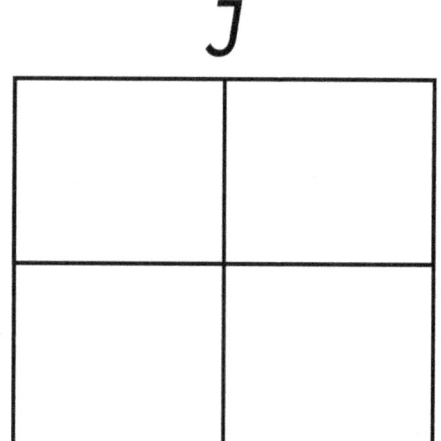

Corta y Pega.

| j | j | J | J | J | J | j | j |

Nombre:_____

# Sonido inicial Jj

*Colorea la Jirafa.*

Nombre:________________________

# O o

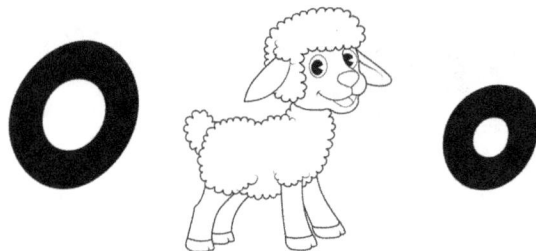

*Sigue las letras O y o para dibujar el camino de la Oveja.*

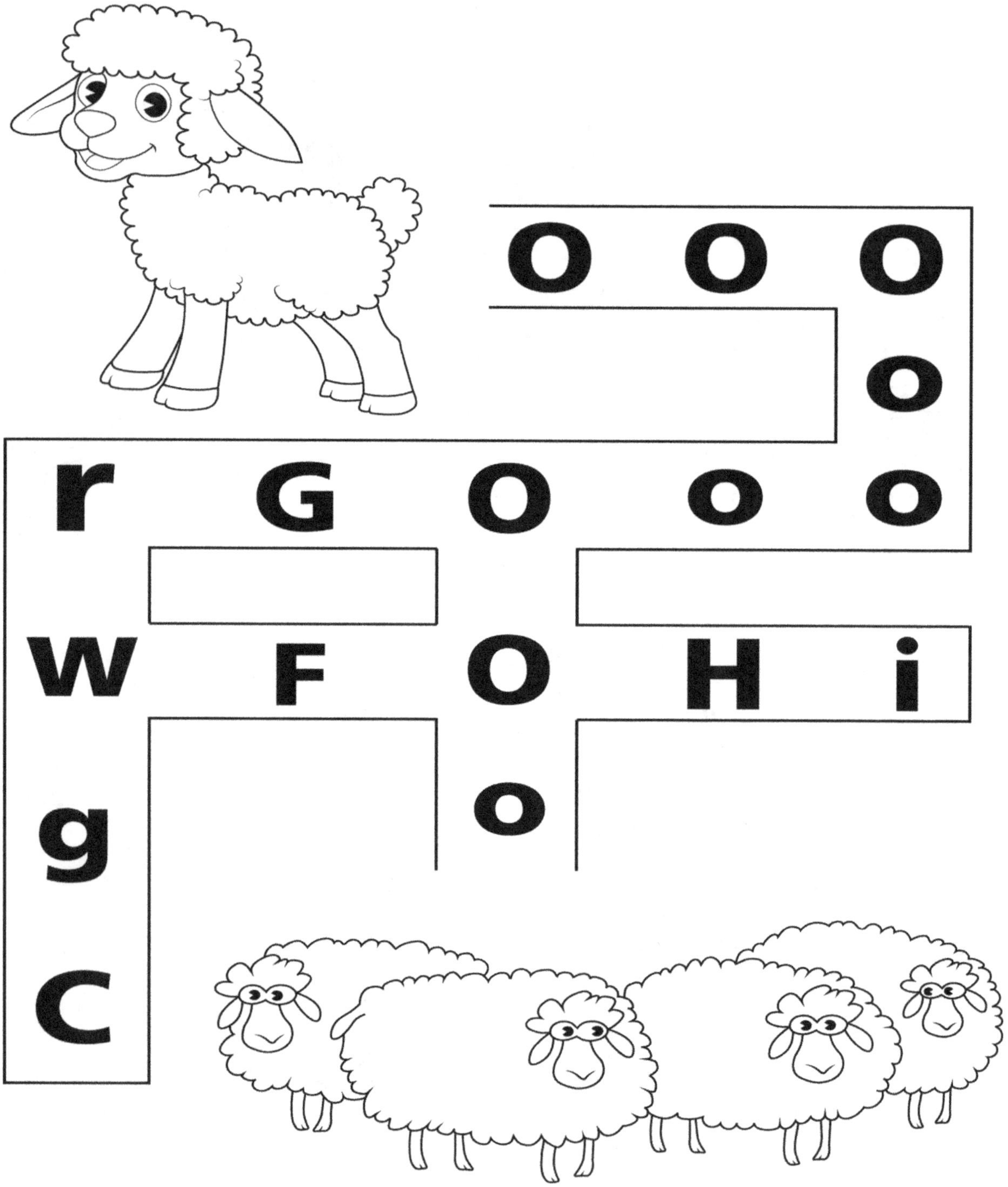

Nombre:_____

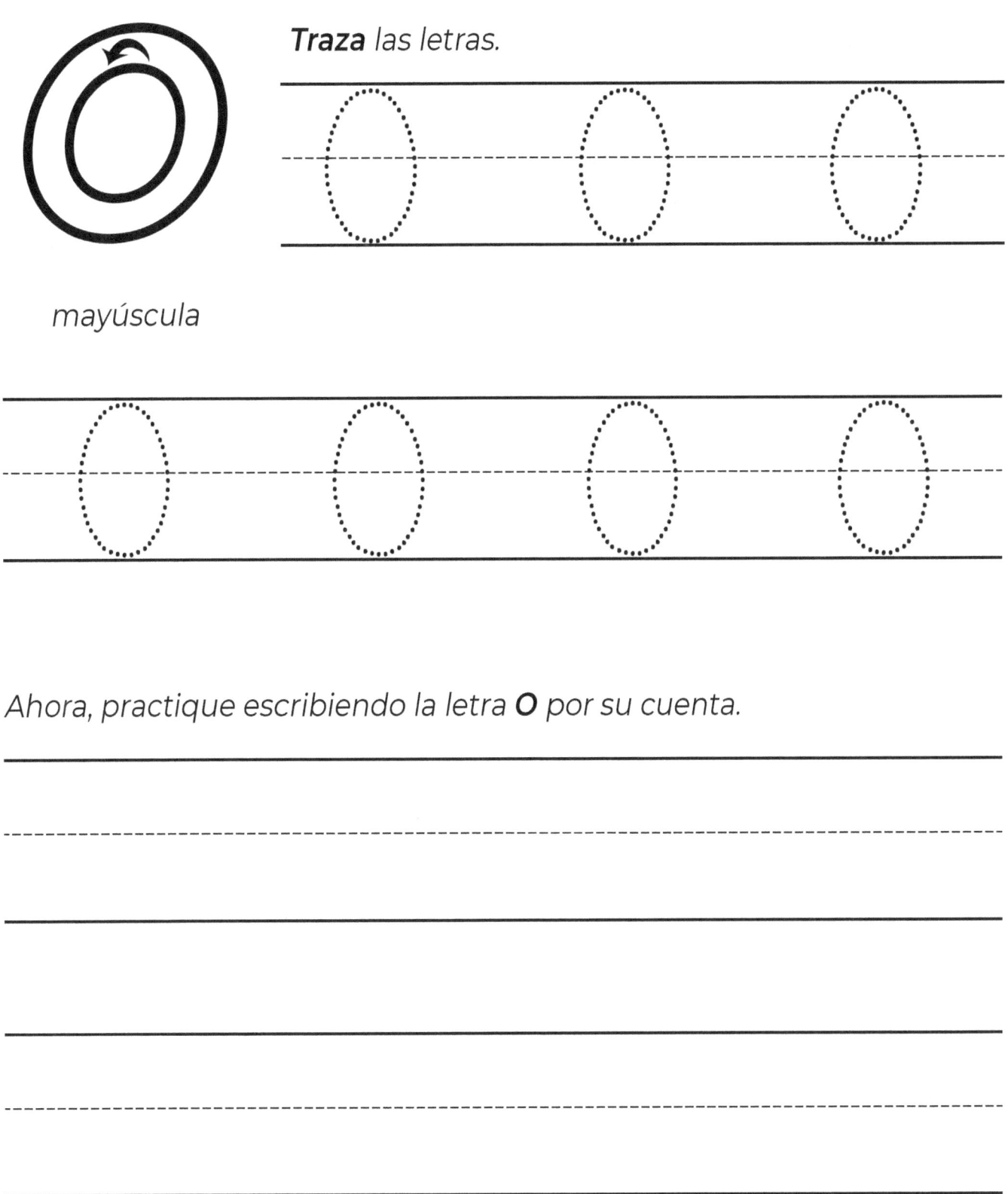

mayúscula

Ahora, practique escribiendo la letra **O** por su cuenta.

Nombre:_____

**Traza** las letras.

*minúscula*

Ahora, practique escribiendo la letra **o** por su cuenta.

Nombre:_____

Traza.

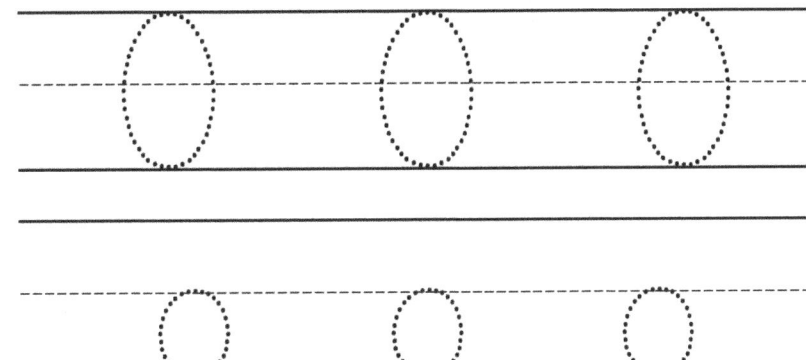

Encuentra.

Escribe.

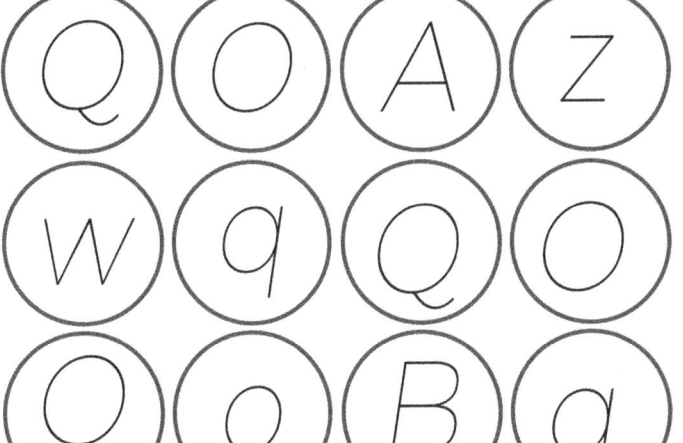
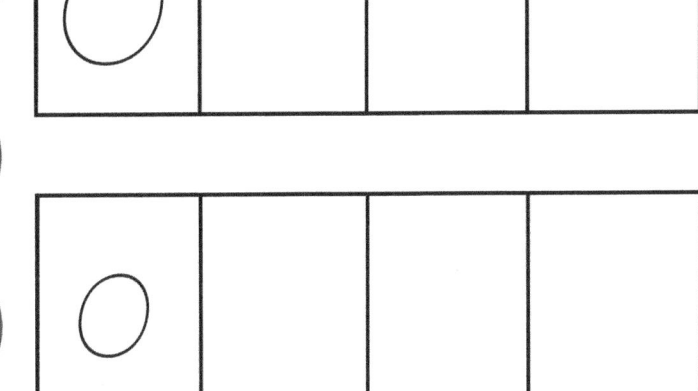

Corta y Pega.

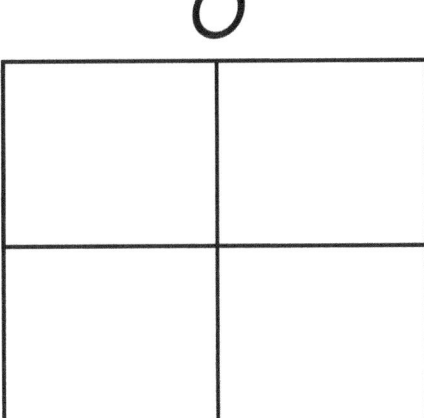

| o | o | o | o | O | O | O | O |

Nombre:_____

# Sonido inicial Oo

*Colorea el Oso.*

Nombre:____________________

# Z  z

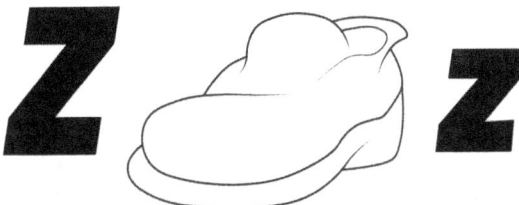

*Circula los zapatos que contengas las letras* **Z** *y* **z**.

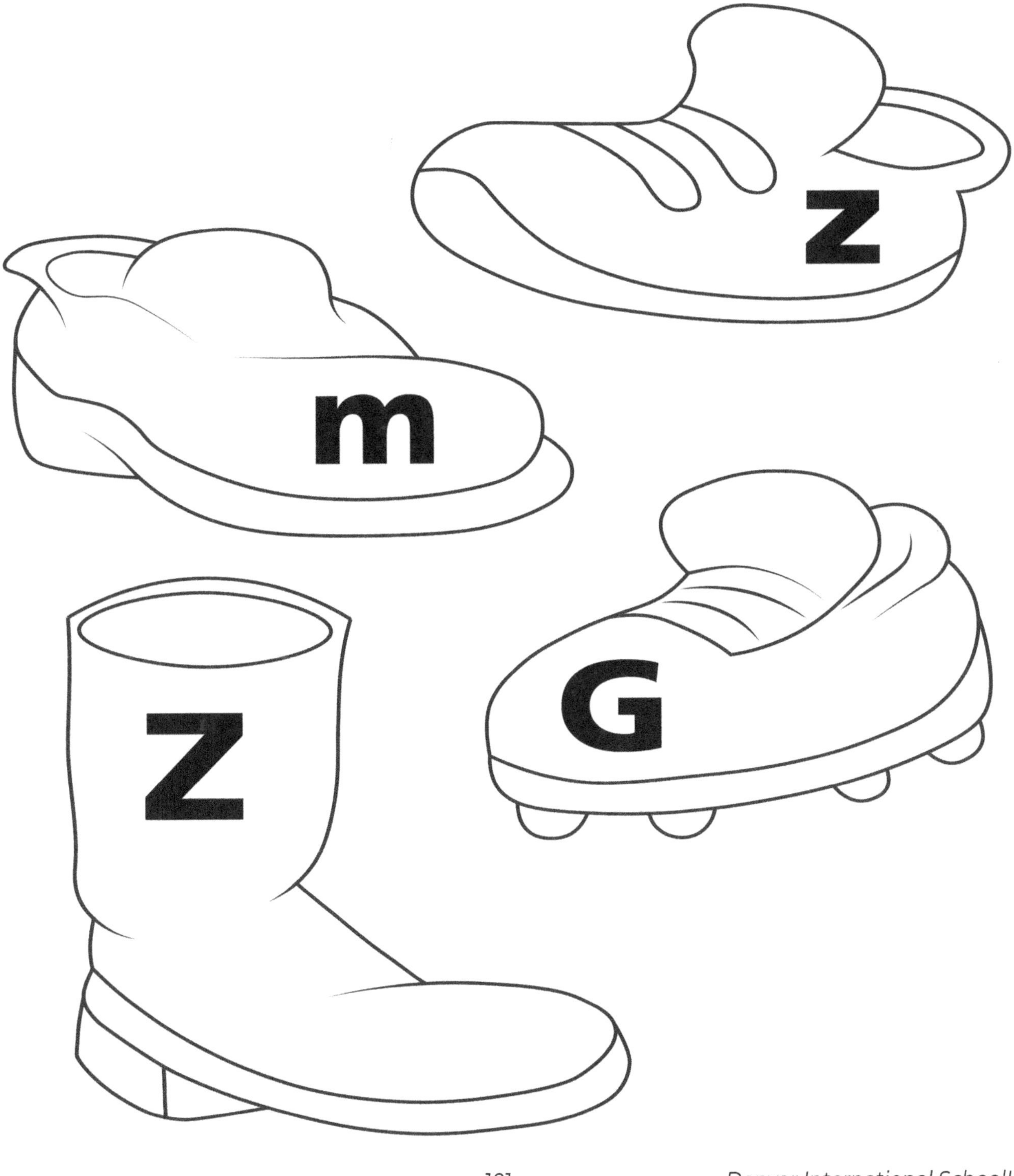

Nombre:_____

**Z** mayúscula

**Traza** las letras.

Ahora, practique escribiendo la letra **Z** por su cuenta.

Denver International SchoolHouse

Nombre:_____

**Traza** las letras.

*minúscula*

Ahora, practique escribiendo la letra *z* por su cuenta.

Nombre:_____

Traza.

Encuentra.

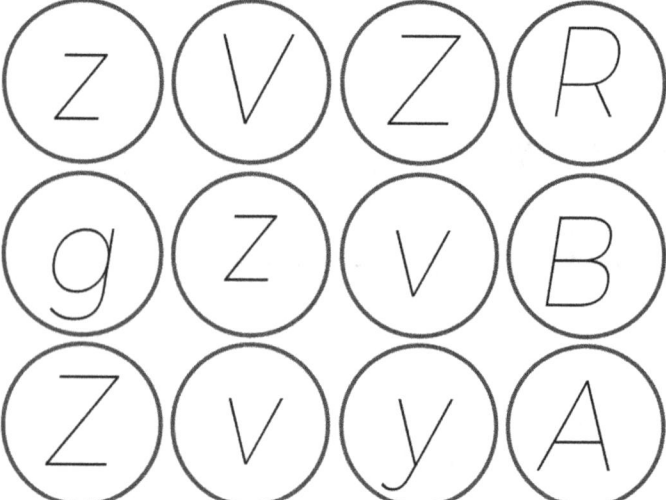

Escribe.

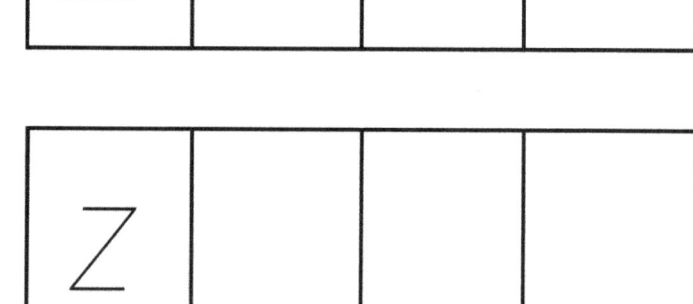

z            z

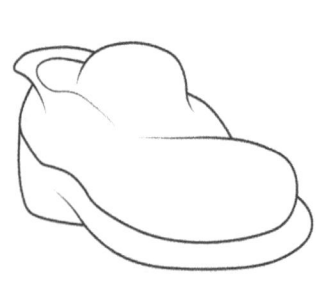

Corta y Pega.

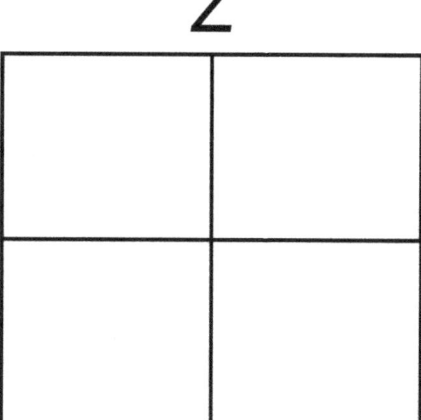

| z | Z | z | z | Z | Z | z | z |

Nombre:_____

# Sonido inicial Zz

*Colorea el Zorro.*

Nombre:________________________

# L  l

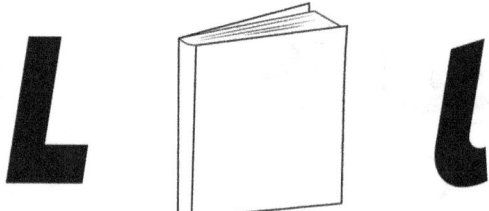

*Colorea las letras L y l.*

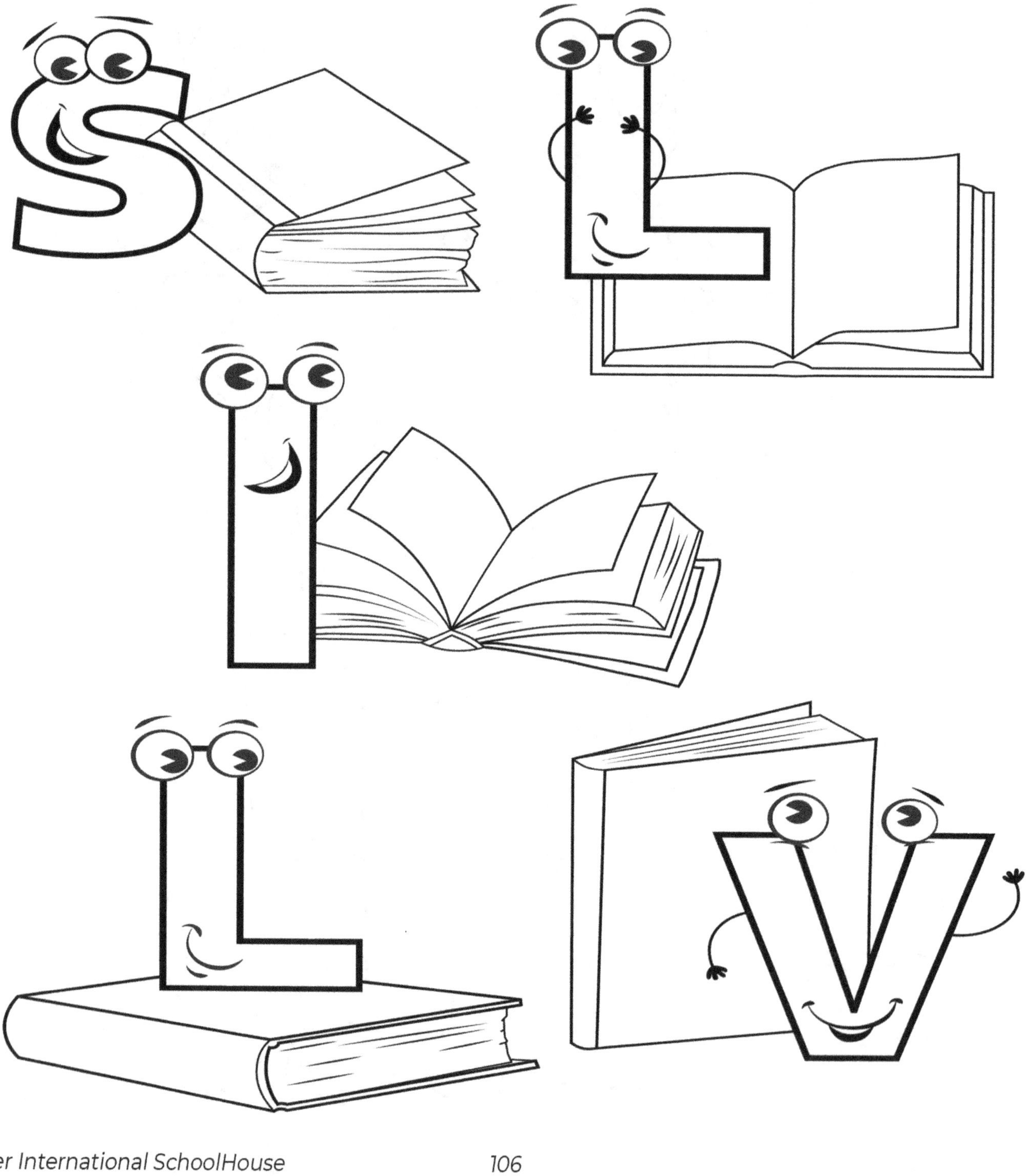

Nombre:_____

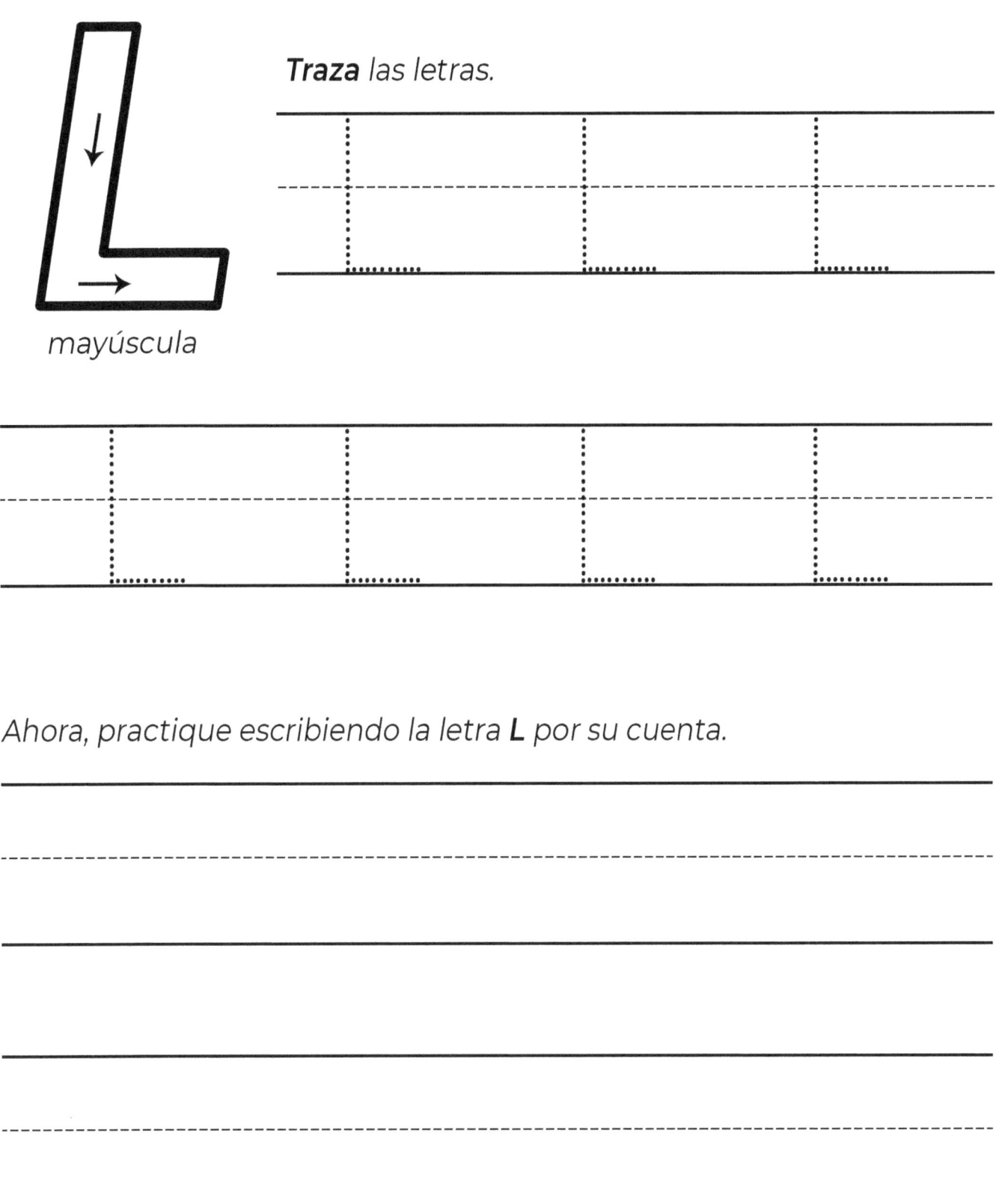

*mayúscula*

**Traza** las letras.

Ahora, practique escribiendo la letra **L** por su cuenta.

Nombre:_____

**Traza** las letras.

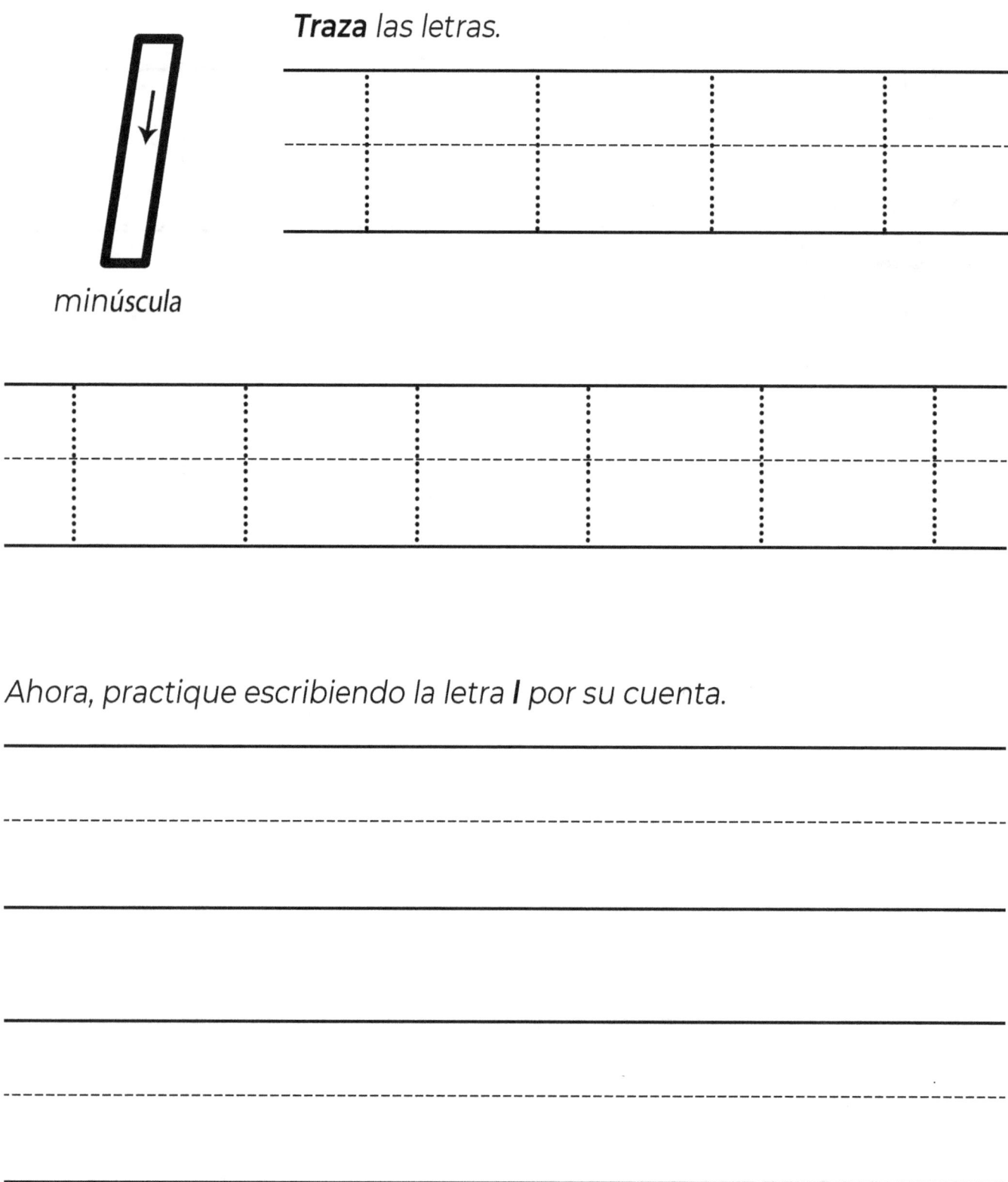

minúscula

Ahora, practique escribiendo la letra I por su cuenta.

Denver International SchoolHouse

Nombre:_____

Traza.

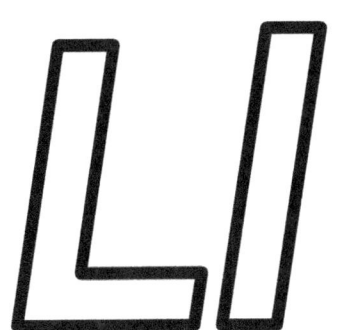

Encuentra.

Escribe.

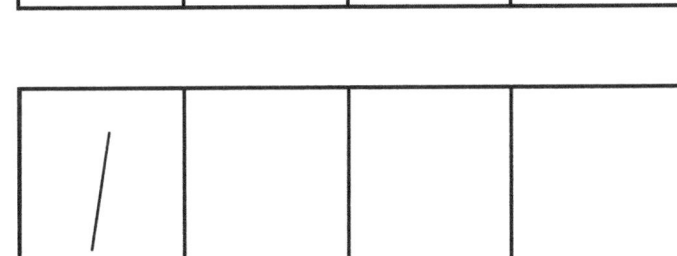

L  /  l

Corta y Pega.

| L | l | l | L | L | L | l | l |

Denver International SchoolHouse

Nombre:_____

# Sonido inicial Ll

*Colorea el León.*

Nombre:______________________

# H  h

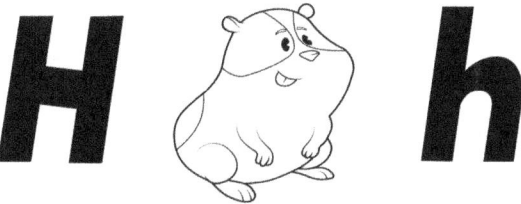

*Sigue las letras* H *y* h *para dibujar el camino del Hámster a la rueda.*

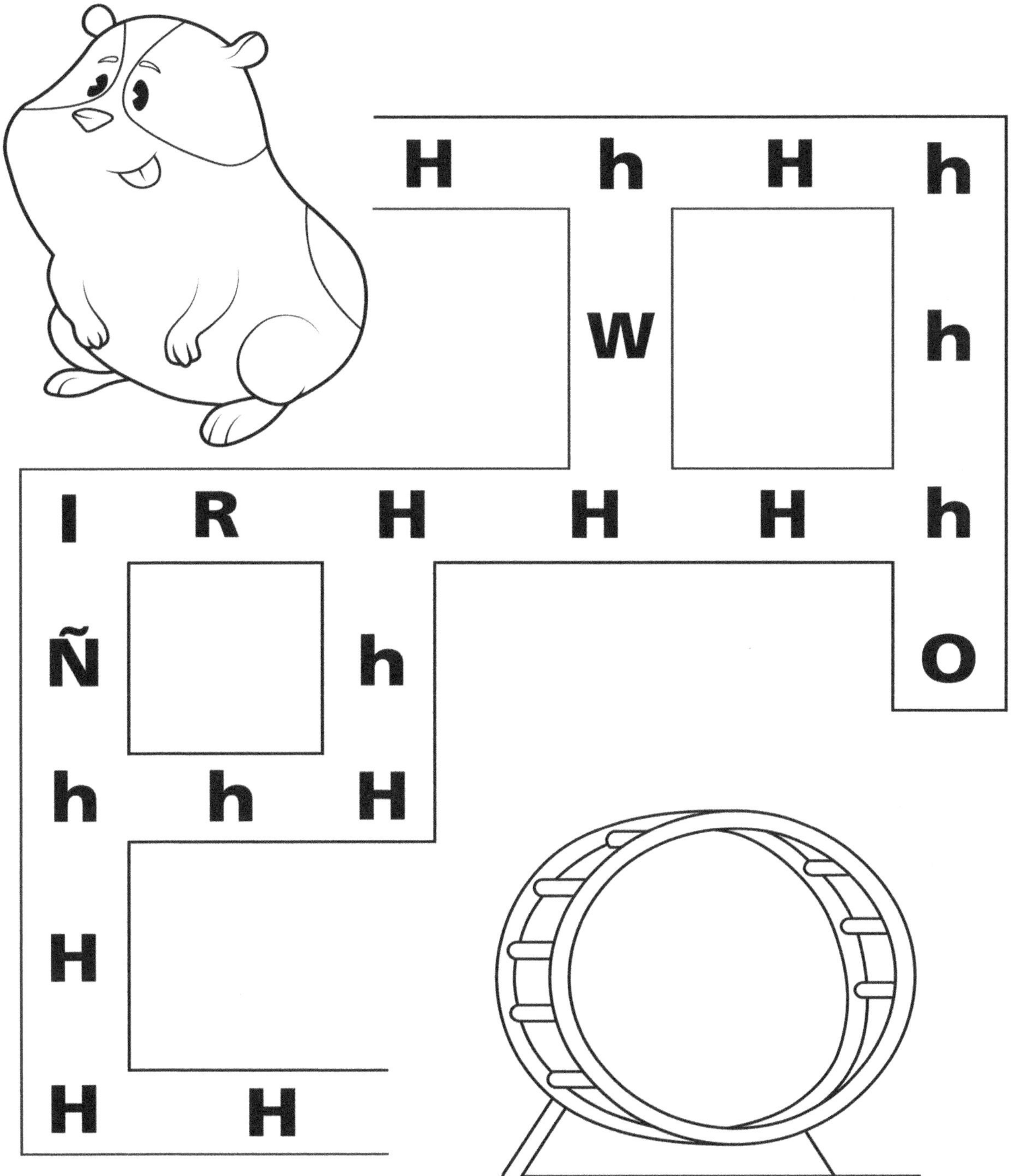

Nombre:_____

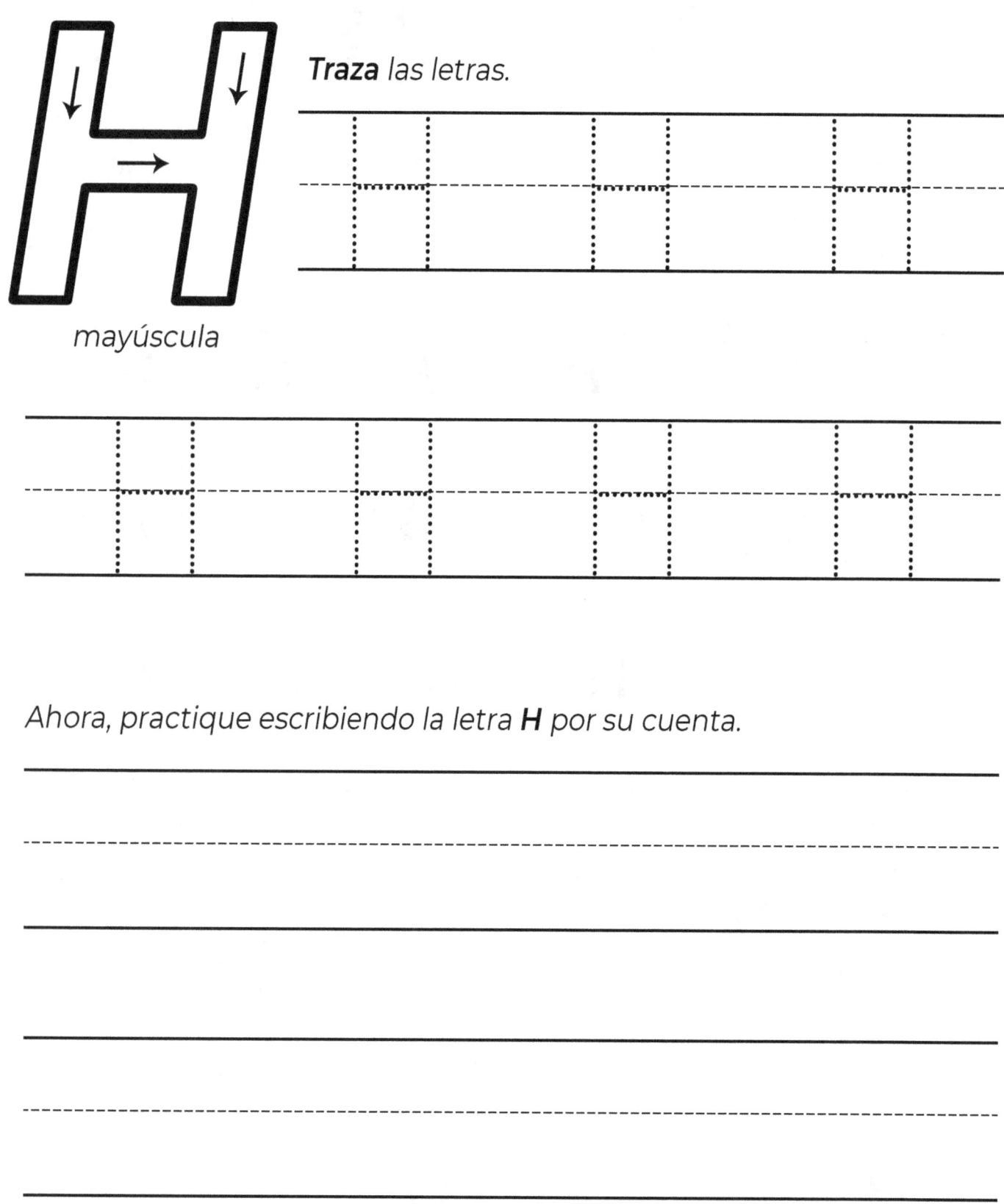

**Traza** las letras.

mayúscula

Ahora, practique escribiendo la letra **H** por su cuenta.

Denver International SchoolHouse

Nombre:_____

**Traza** las letras.

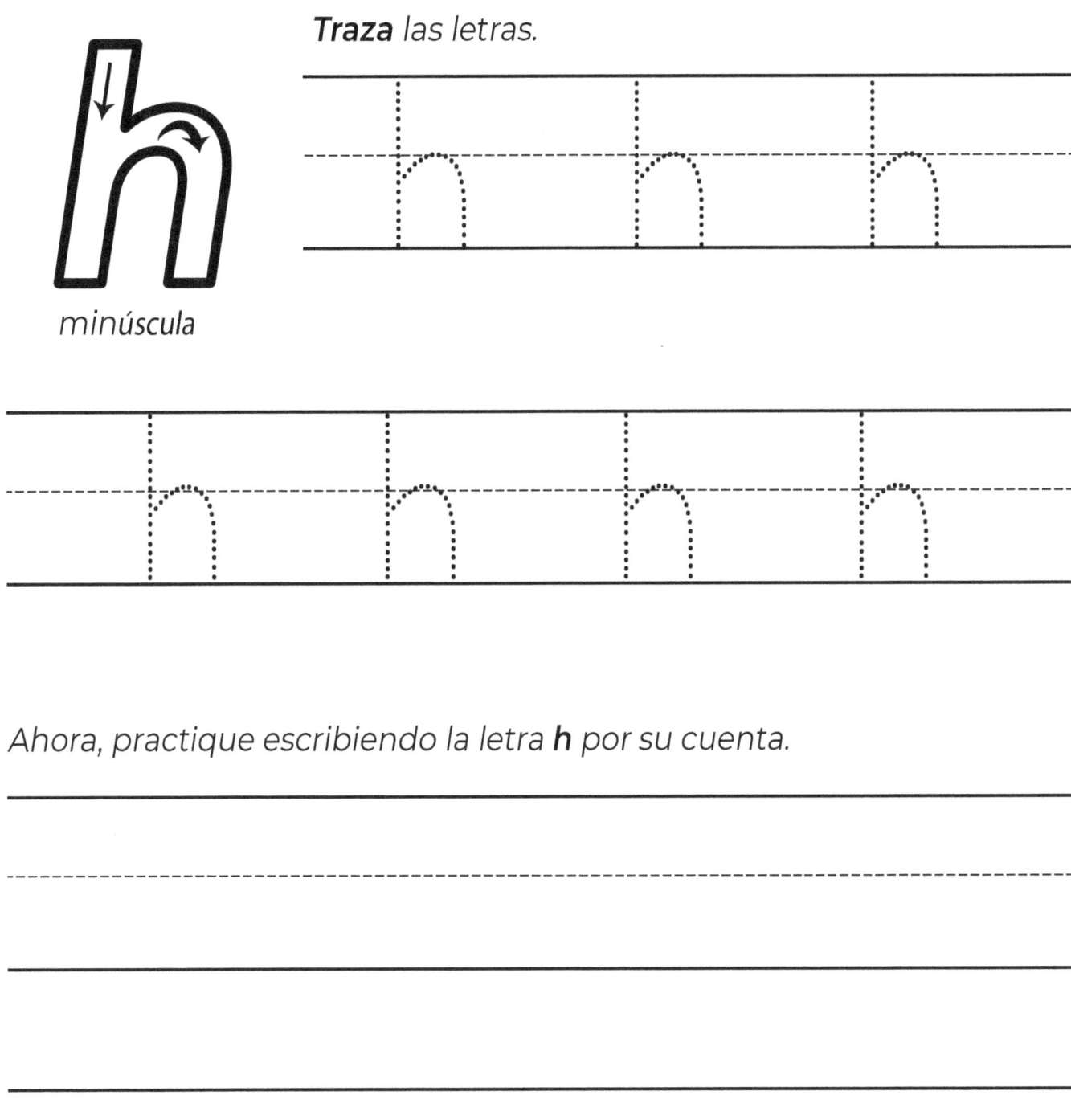

*minúscula*

Ahora, practique escribiendo la letra **h** por su cuenta.

Nombre:_____

Traza.

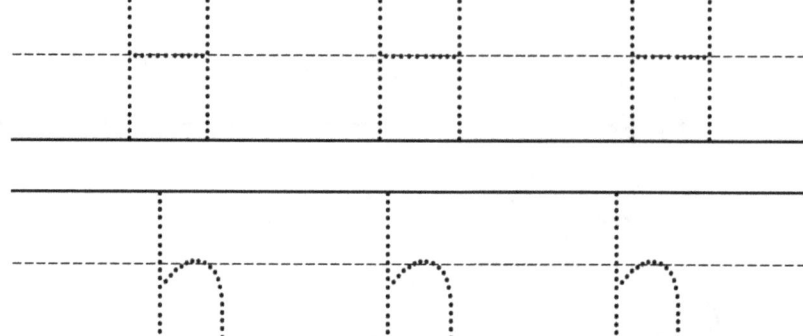

Encuentra.

Escribe.

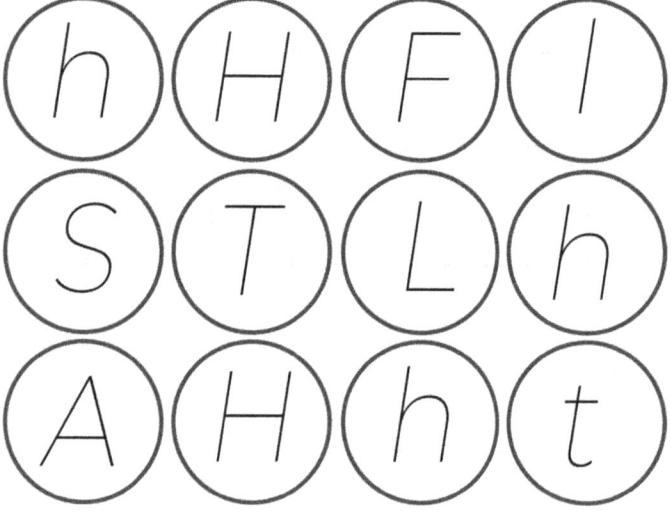

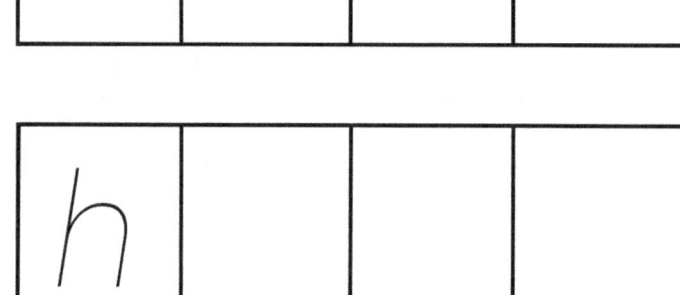

Corta y Pega.

| H | h | H | h | H | h | H | h |

Nombre:_____

# Sonido inicial Hh

*Colorea el Hipopótamo.*

Nombre:_____

# CH  ch

*Sigue las letras **CH** y **ch** para dibujar el camino hacia la Chimenea.*

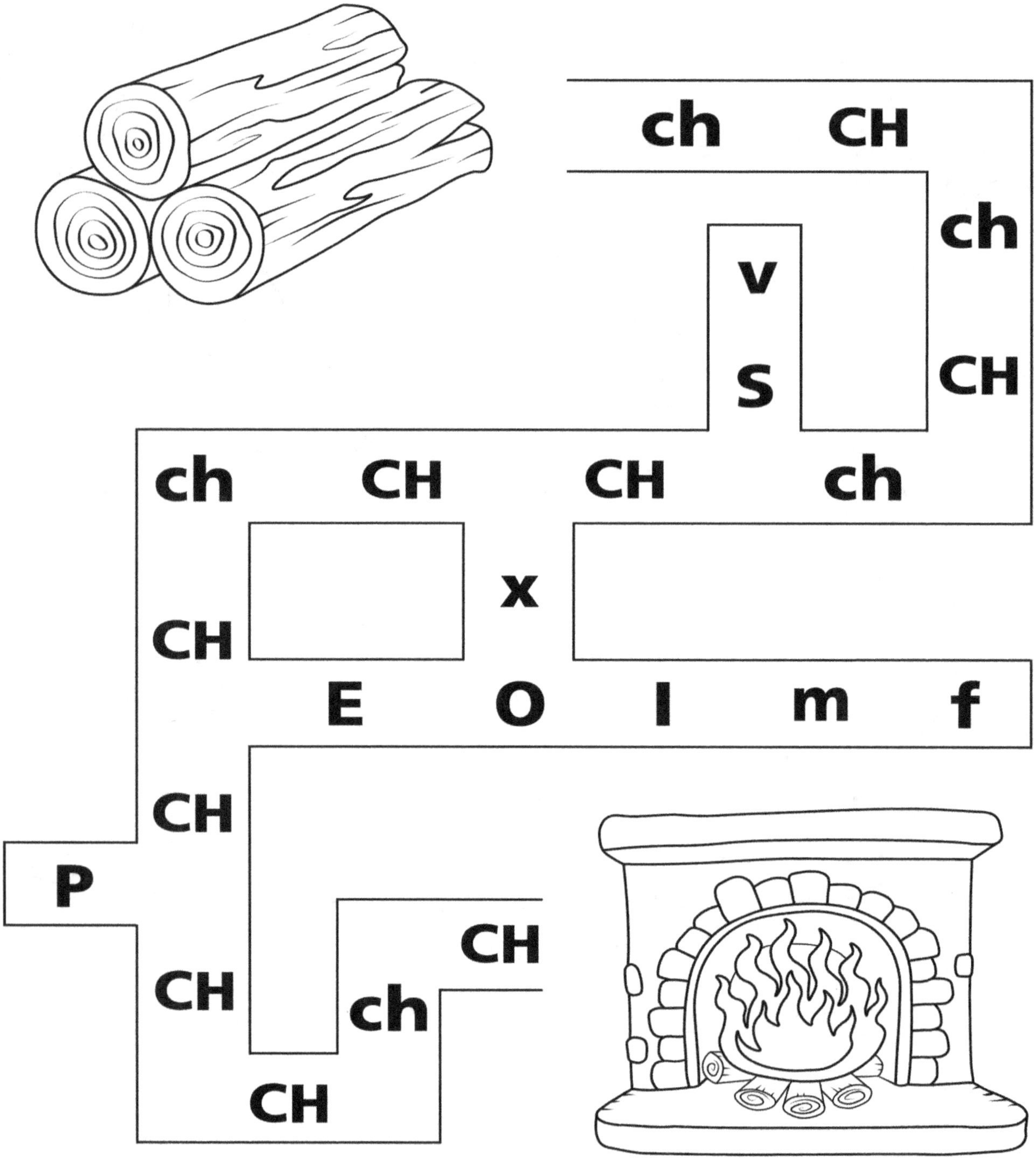

Nombre:_____

**Traza** las letras.

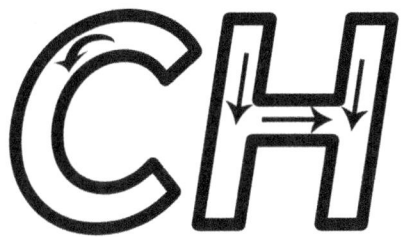

mayúscula

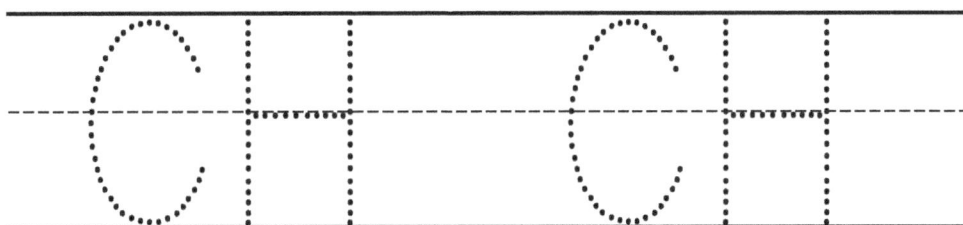

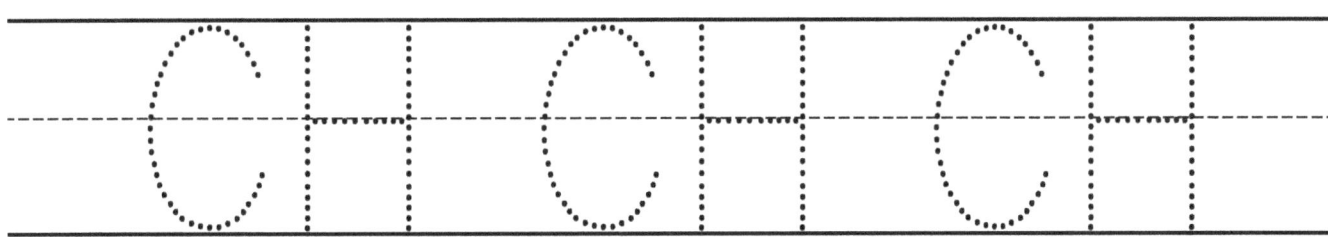

Ahora, practique escribiendo la letra **CH** por su cuenta.

Nombre:_____

**Traza** las letras.

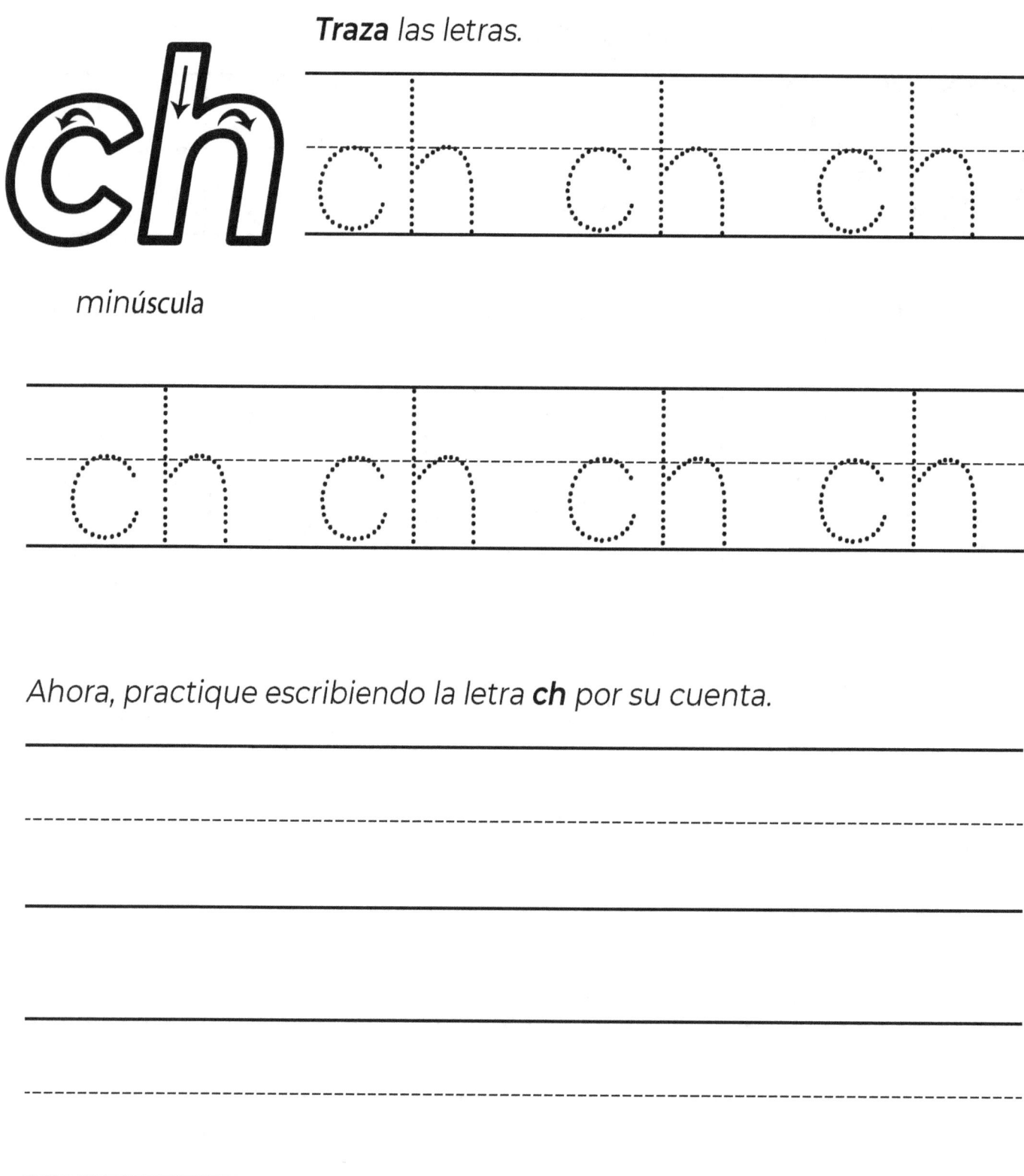

minúscula

Ahora, practique escribiendo la letra **ch** por su cuenta.

Nombre:_____

Traza.

Encuentra.

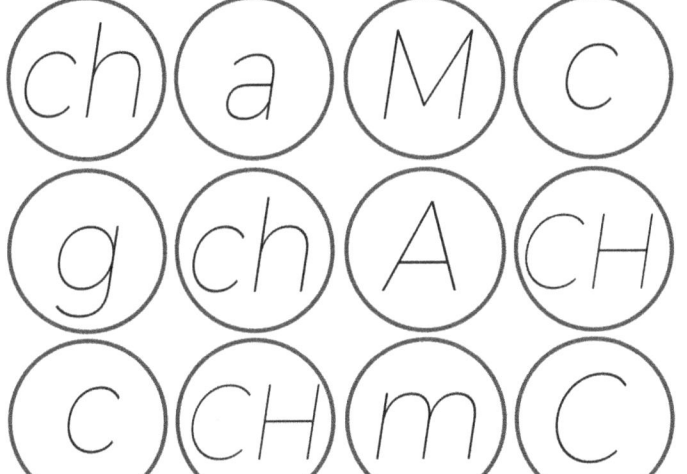

Escribe.

CH

ch

CH     ch

Corta y Pega.

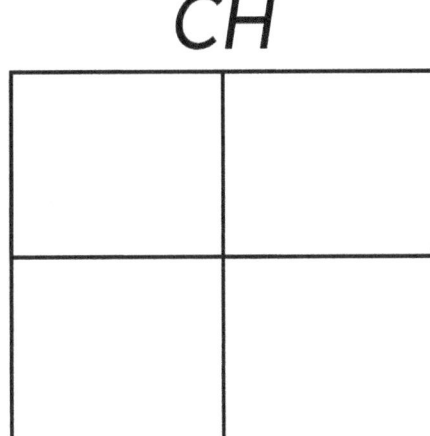

| CH | ch | ch | CH | CH | CH | ch | ch |

Nombre:_____

# Sonido inicial CH ch

*Colorea los Chocolates.*

Nombre:_____

Colorea las letras *D* y *d*.

121      Denver International SchoolHouse

Nombre:_____

**Traza** *las letras.*

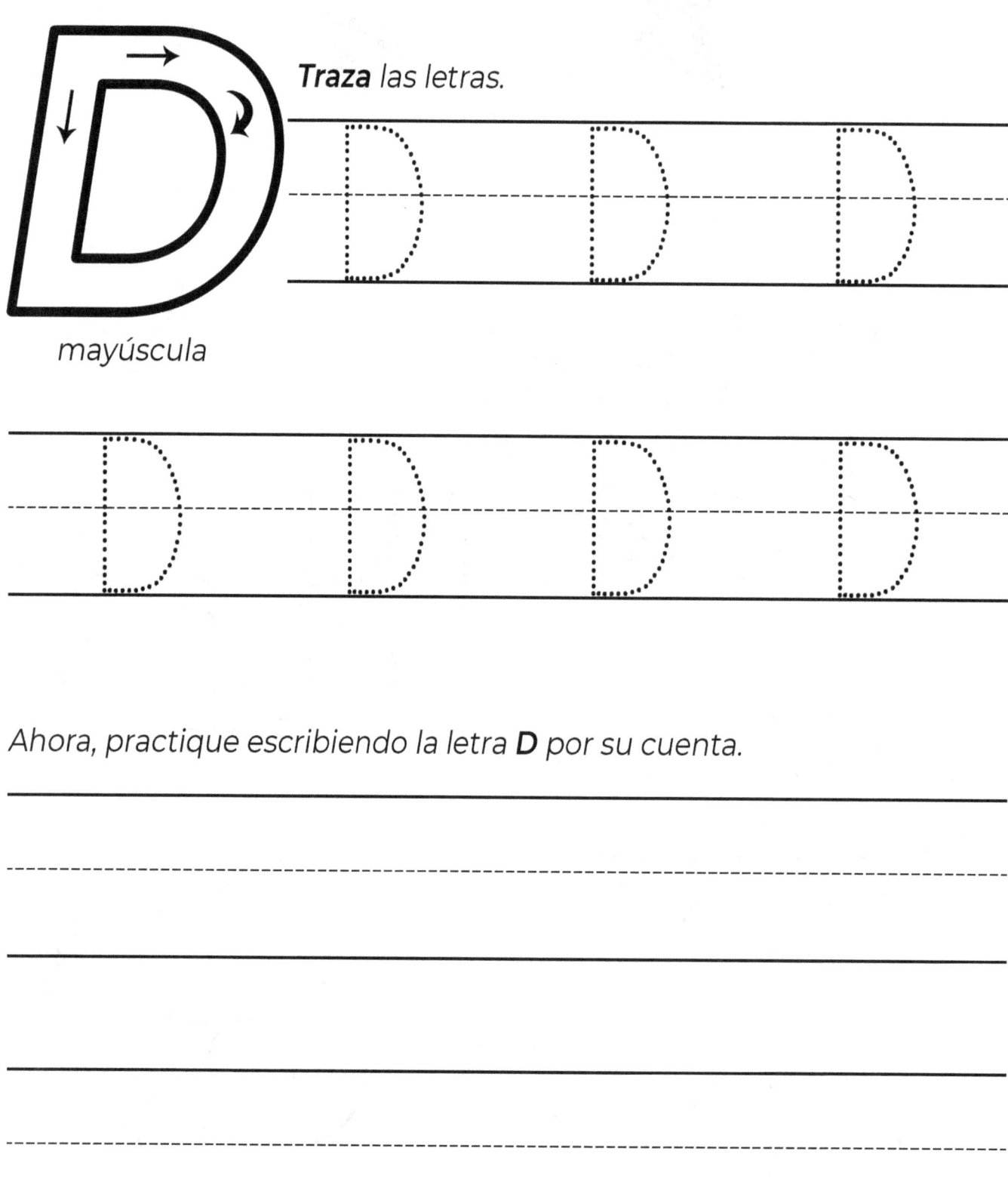

*mayúscula*

Ahora, practique escribiendo la letra **D** por su cuenta.

Denver International SchoolHouse

Nombre:_____

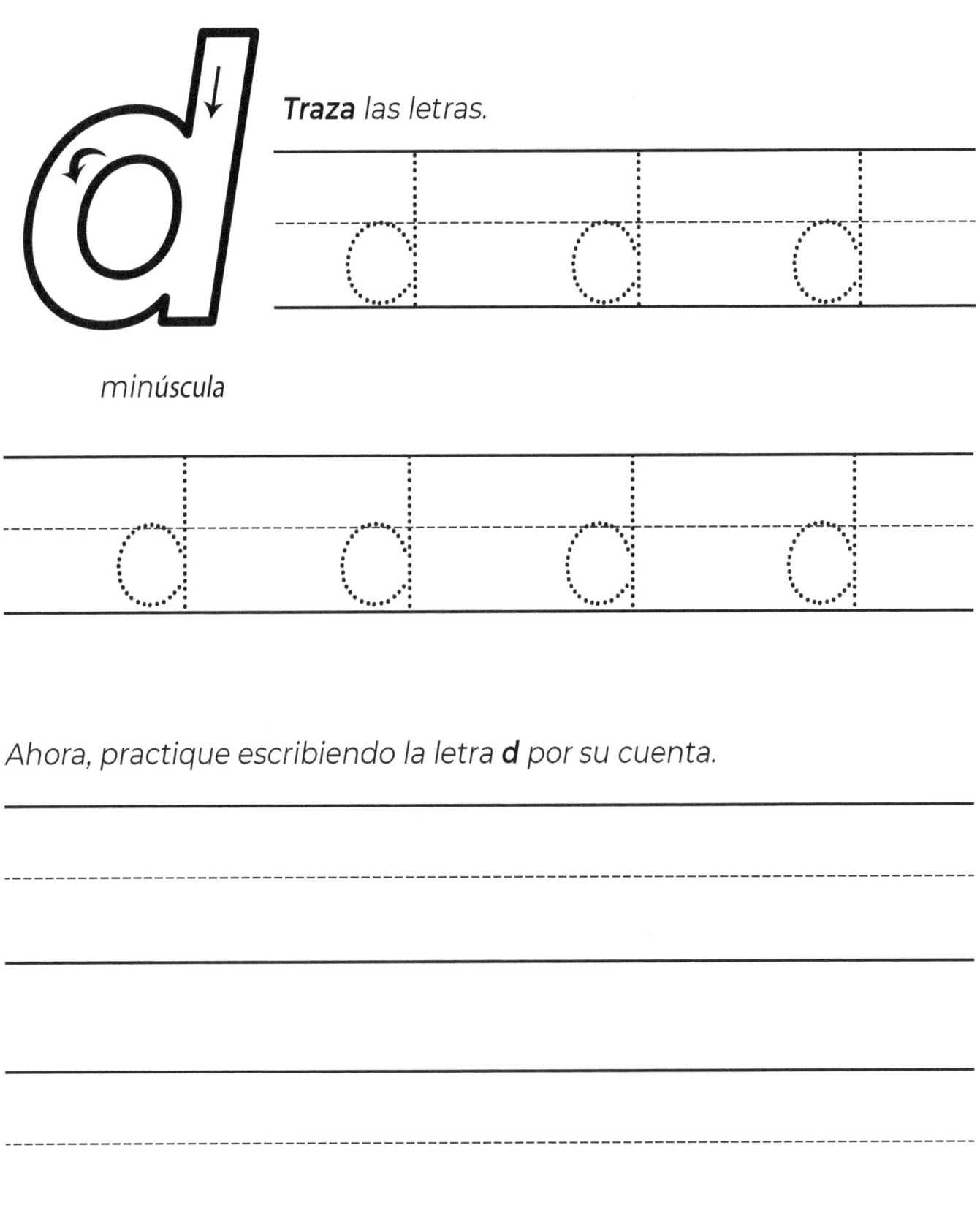

**Traza** las letras.

*minúscula*

Ahora, practique escribiendo la letra **d** por su cuenta.

Nombre:_____

Traza.

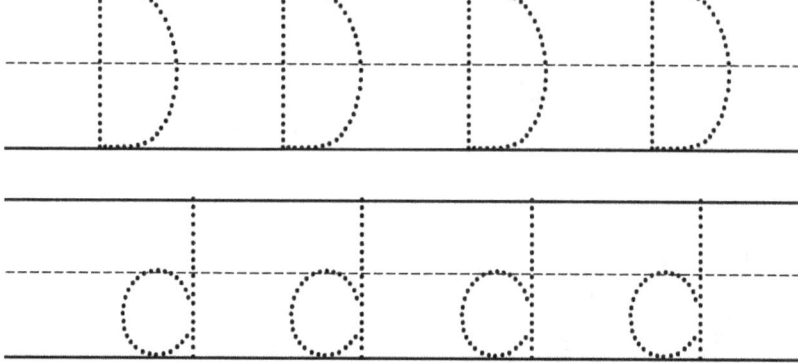

Encuentra.

Escribe.

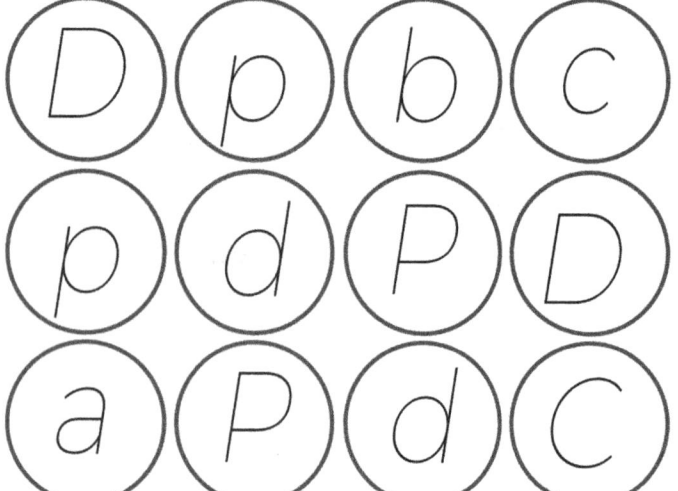
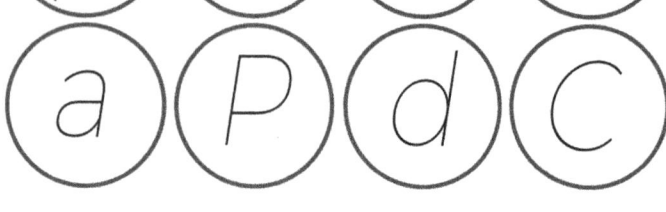

D	d

Corta y Pega.

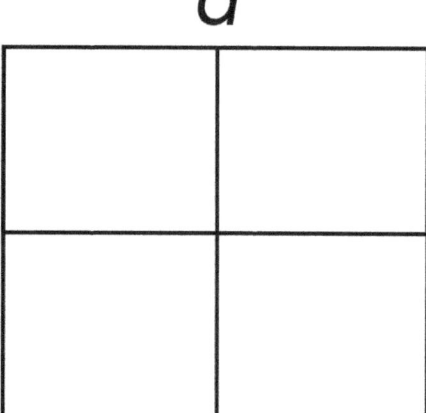

| D | D | D | D | d | d | d | d |

Nombre:_____

# Sonido inicial Dd

*Colorea el Delfín.*

Nombre:_______________

# K  k

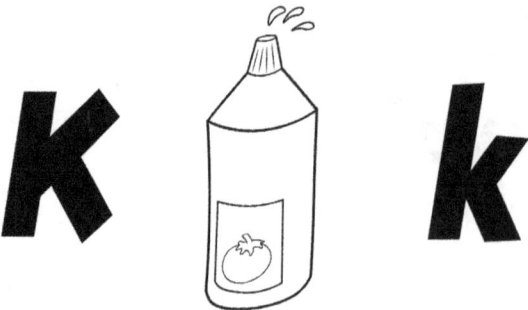

*Sigue las letras* ***K*** *y* ***k*** *para dibujar el camino del Kétchup al perro caliente.*

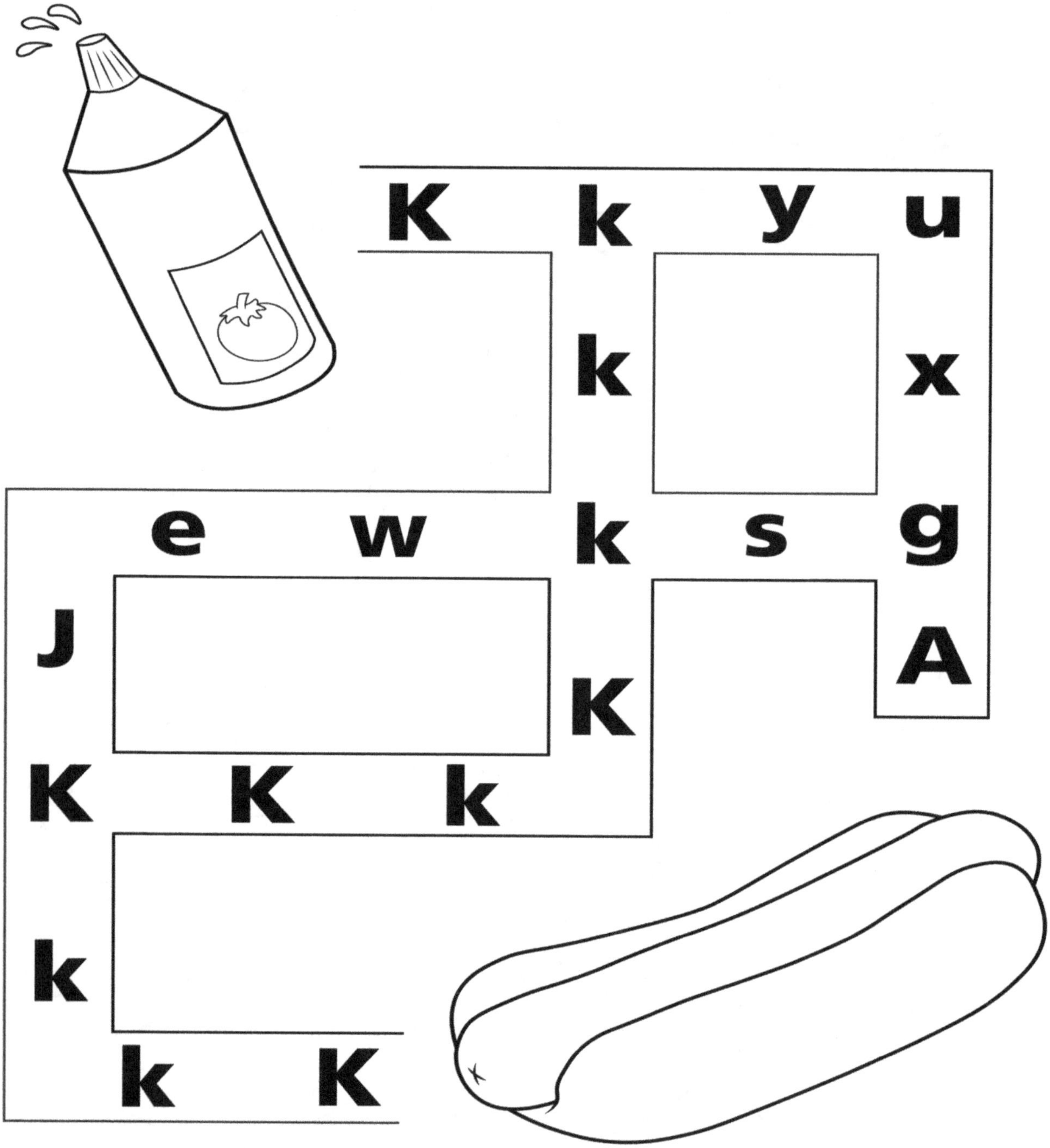

Nombre:_____

mayúscula

**Traza** las letras.

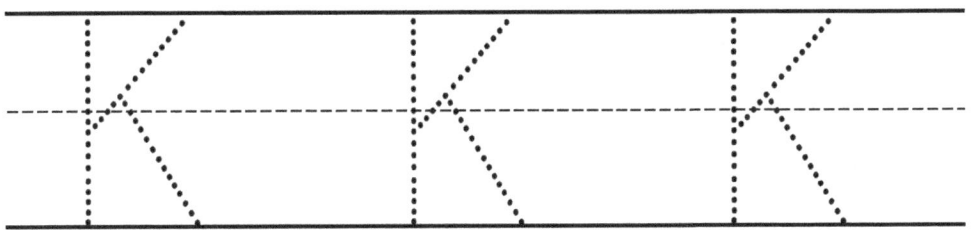

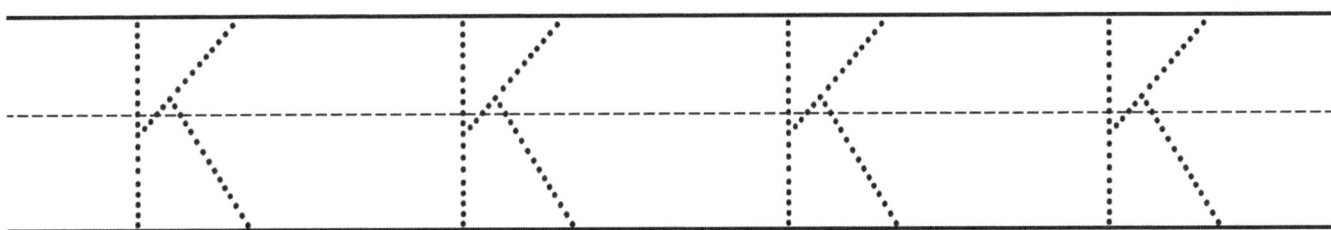

Ahora, practique escribiendo la letra **K** por su cuenta.

Nombre:_____

**Traza** las letras.

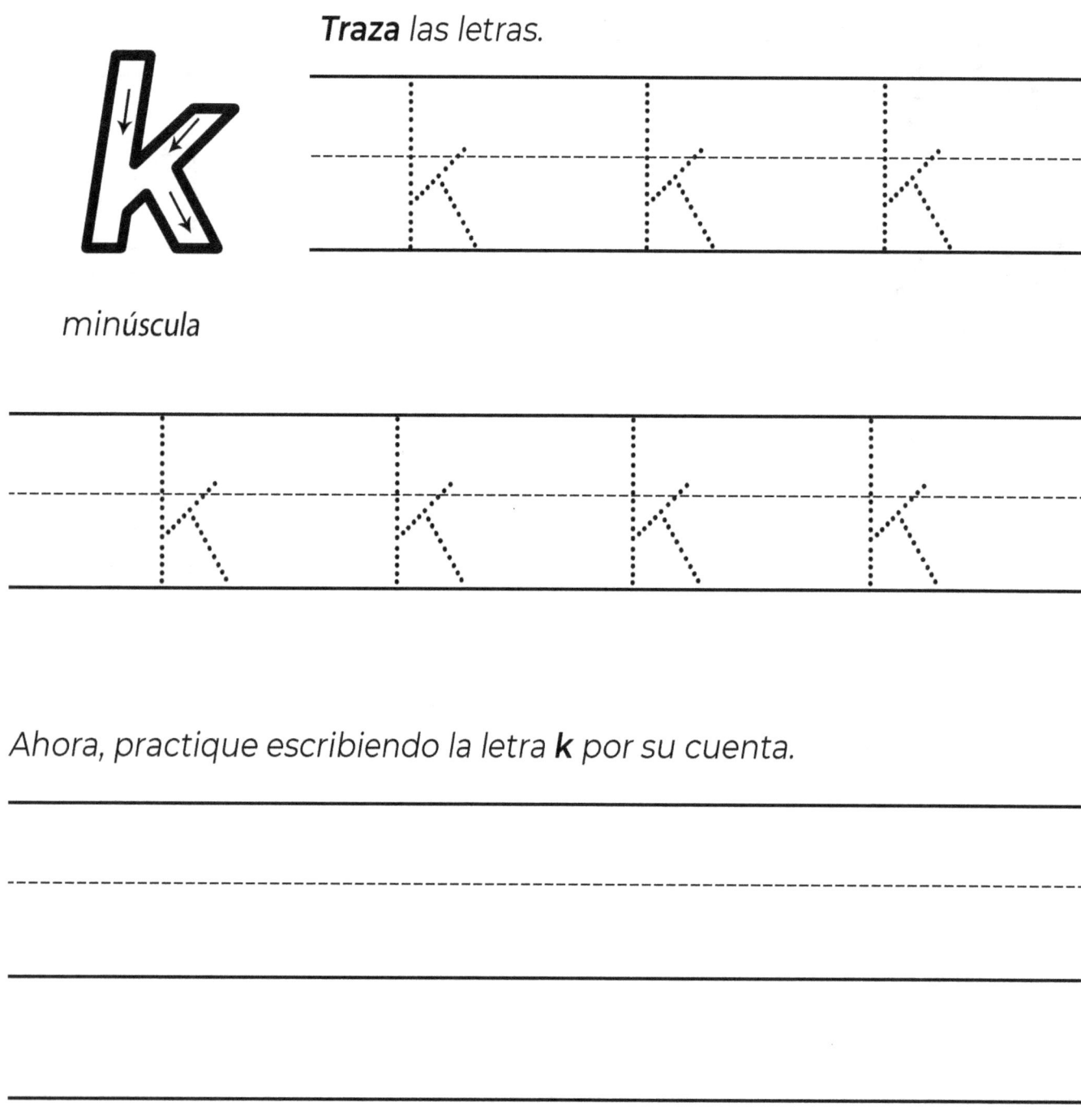

minúscula

Ahora, practique escribiendo la letra **k** por su cuenta.

Nombre:_____

Traza.

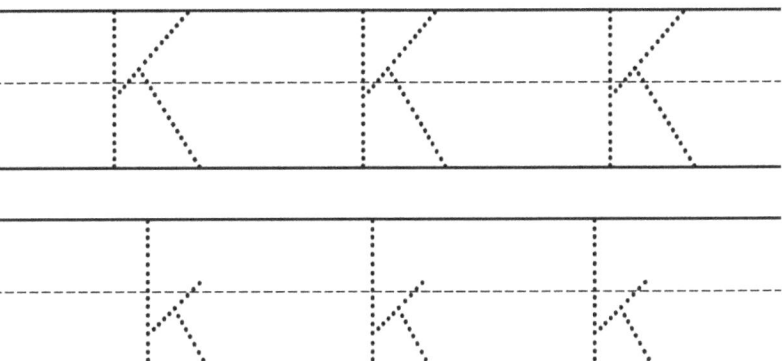

Encuentra.

Escribe.

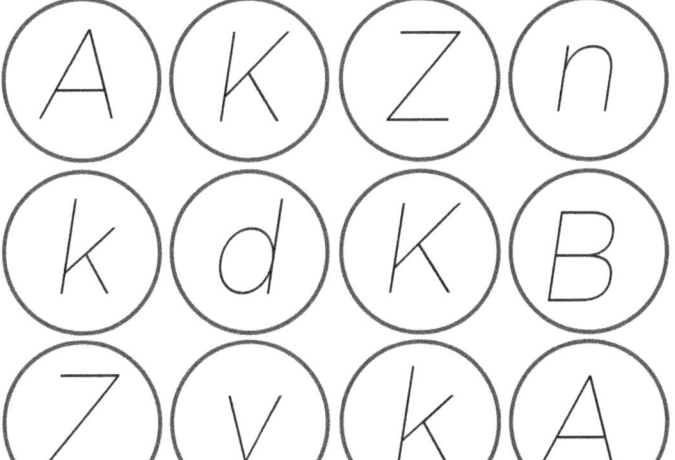
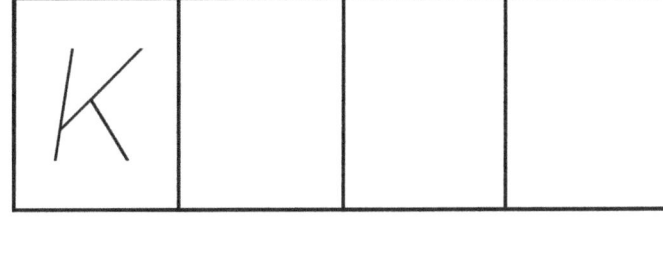

k         k

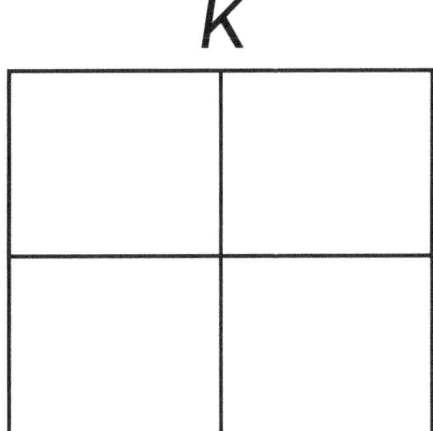
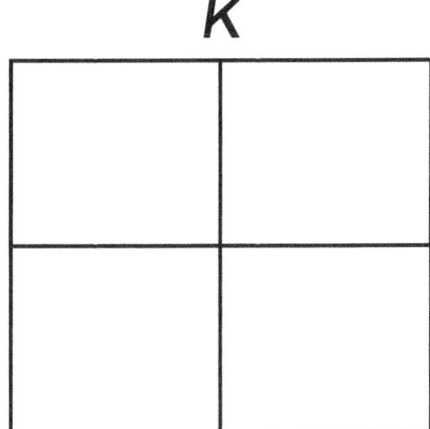

Corta y Pega.

| k | K | K | K | k | k | k | k |

129     Denver International SchoolHouse

Nombre:_____

# Sonido inicial Kk

*Colorea el Koala.*

Nombre:_____

# Ñ  ñ

*Circula las Piñas que contengas las letras Ñ y ñ.*

Nombre:_____

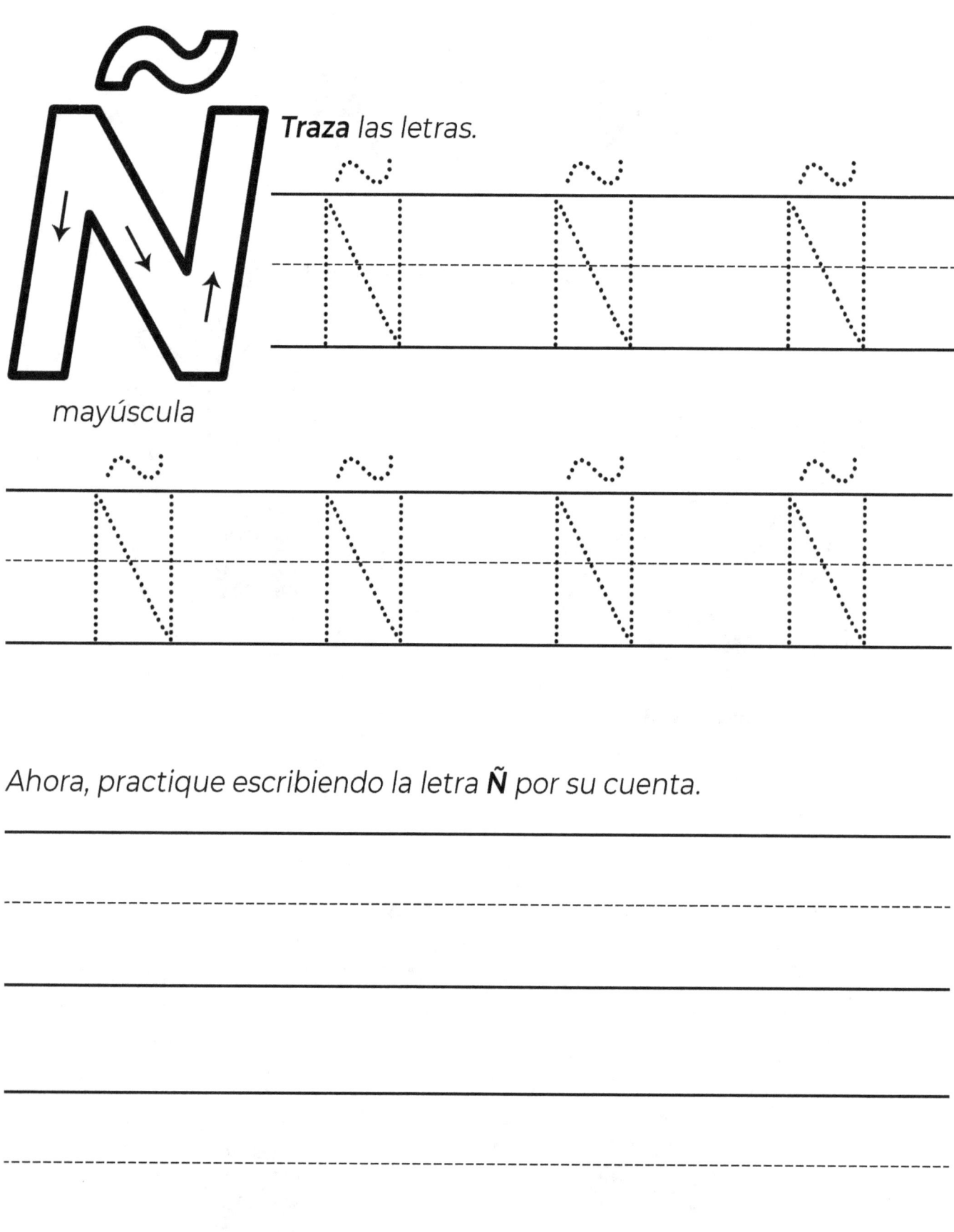

**Traza** las letras.

mayúscula

Ahora, practique escribiendo la letra *Ñ* por su cuenta.

Nombre:_____

**Traza** las letras.

*minúscula*

Ahora, practique escribiendo la letra **ñ** por su cuenta.

Nombre:_____

Traza.

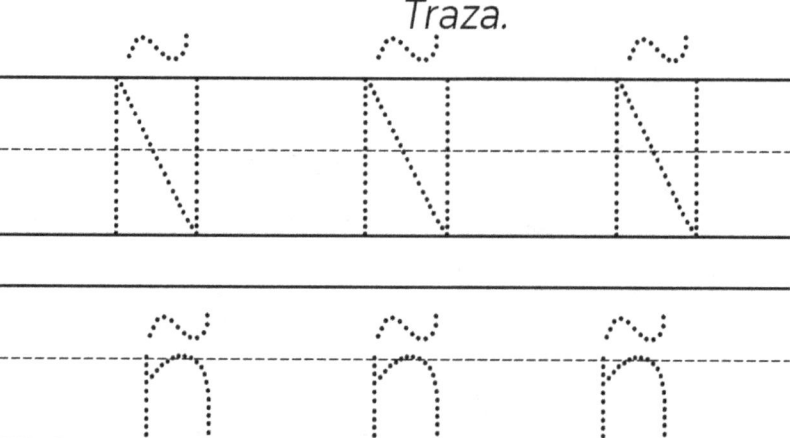

Encuentra.

Escribe.

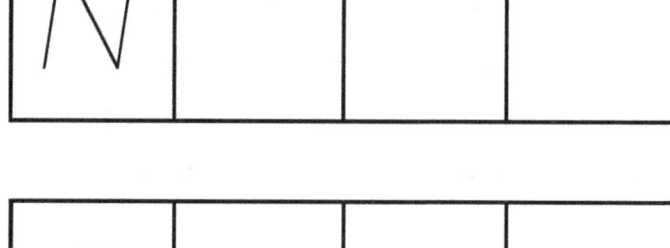

Ñ  ñ

Corta y Pega.

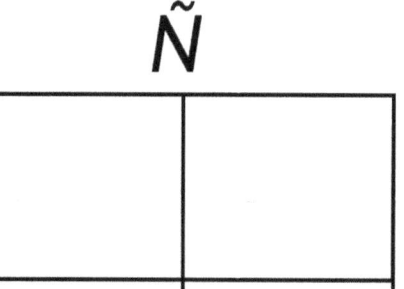

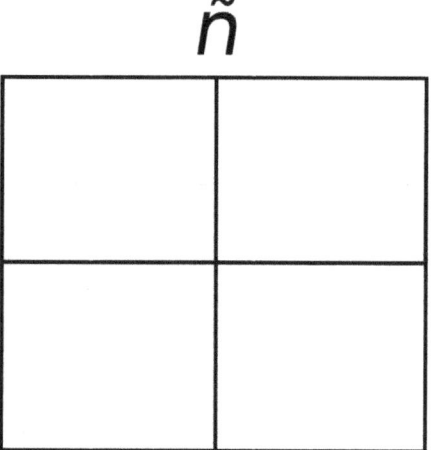

| ñ | ñ | ñ | ñ | Ñ | Ñ | Ñ | Ñ |

Denver International SchoolHouse

Nombre:_____

# Sonido inicial Ññ

*Colorea el Ñandú.*

Nombre:________________

# E  e

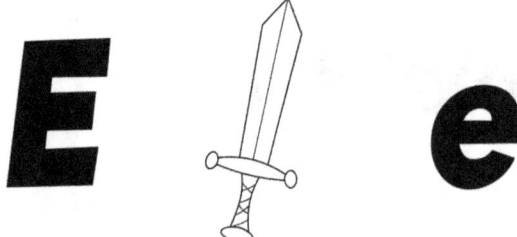

*Sigue las letras* **E** *y* **e** *para dibujar el camino hacia la espada.*

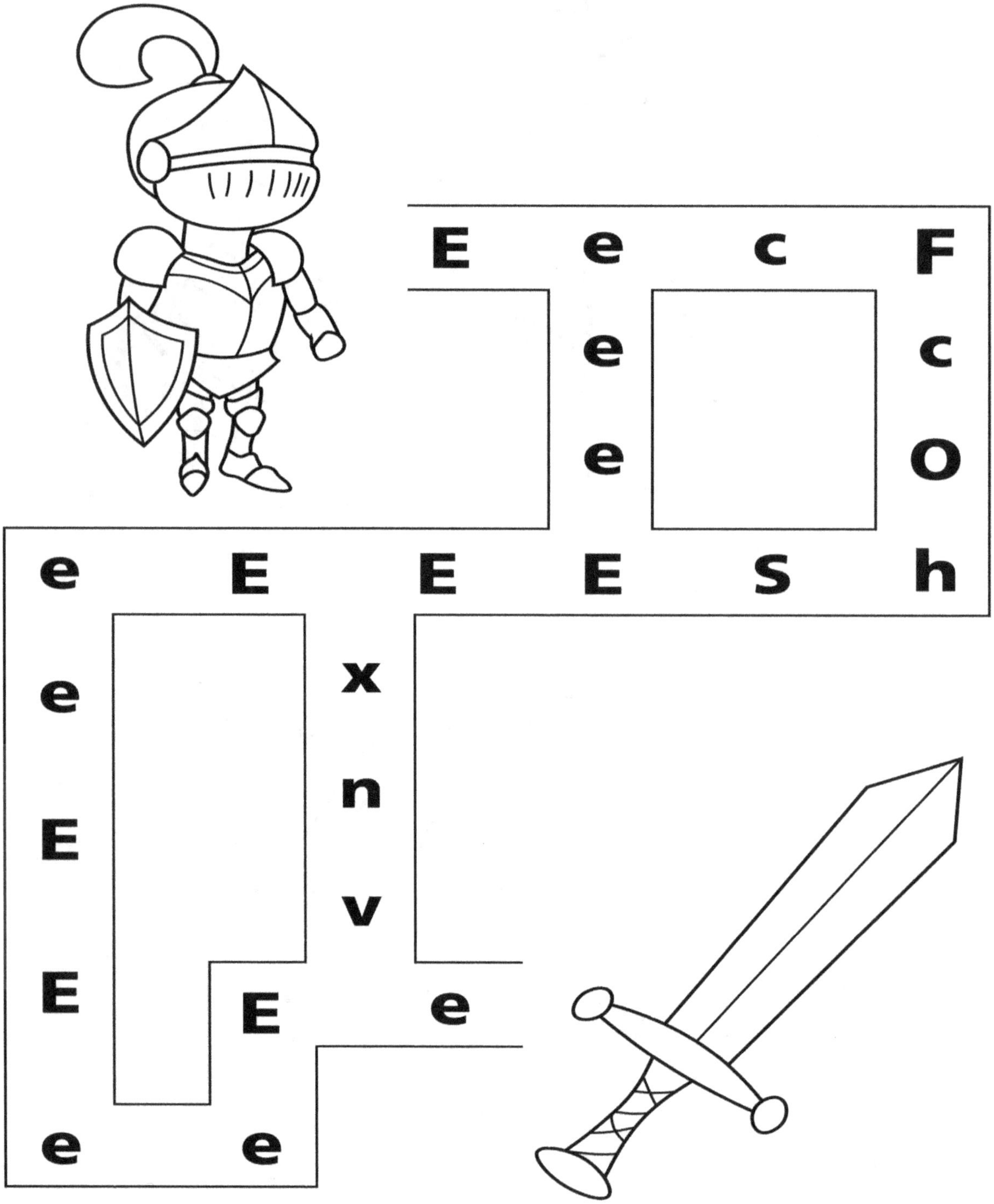

Nombre:_____

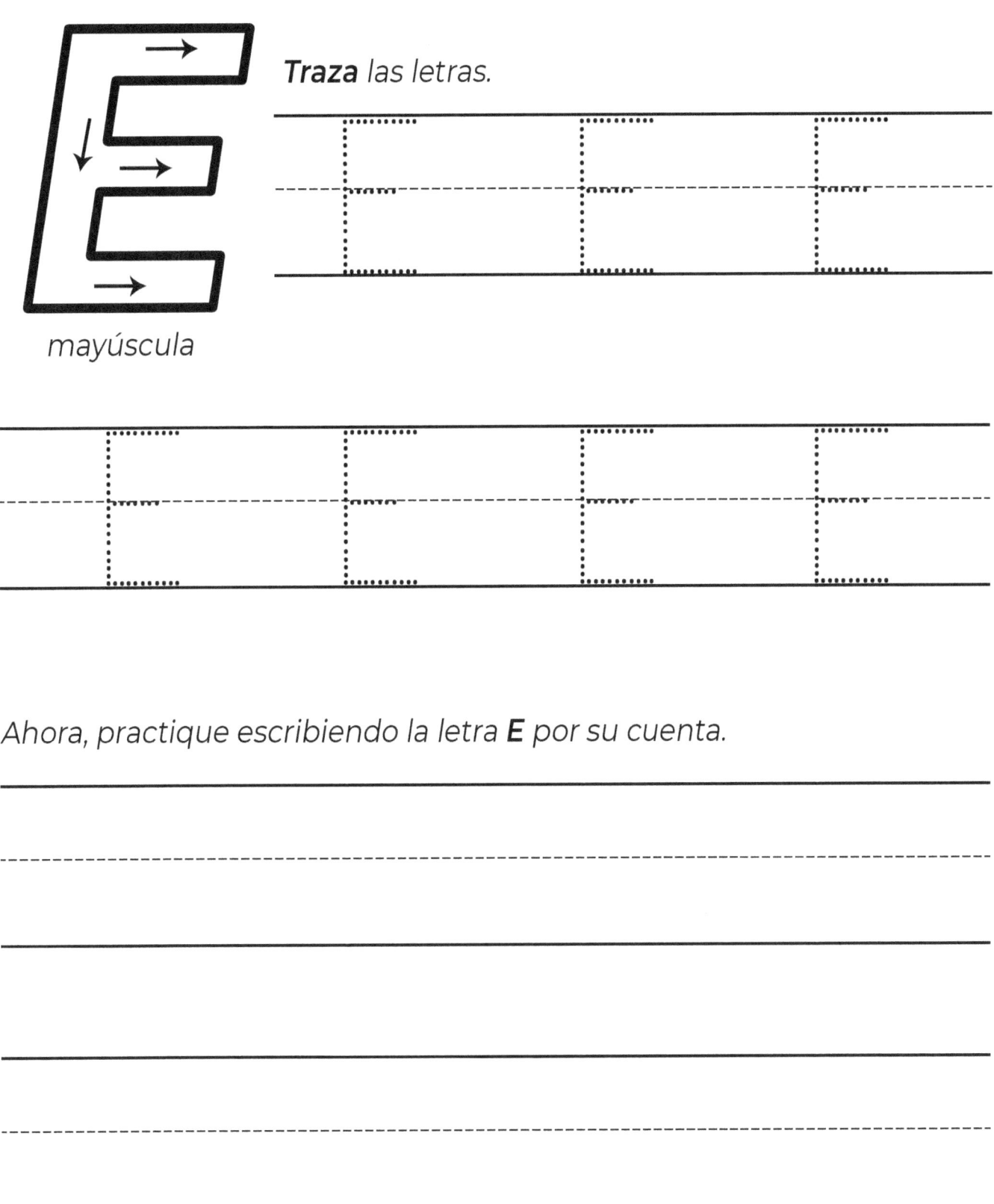

**Traza** las letras.

*mayúscula*

Ahora, practique escribiendo la letra **E** por su cuenta.

Nombre:_____

**Traza** las letras.

*minúscula*

Ahora, practique escribiendo la letra **e** por su cuenta.

Nombre:_____

Traza.

Encuentra.

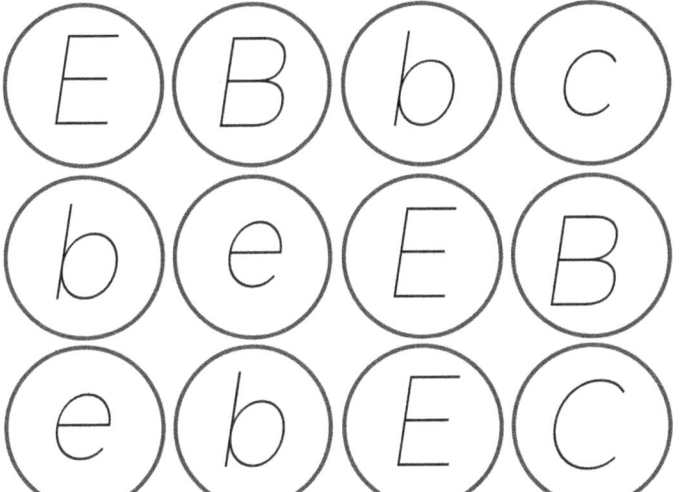

Escribe.

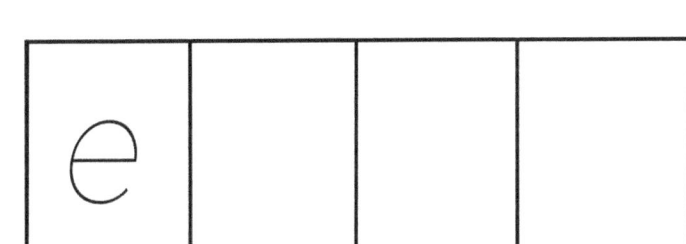

E	e

Corta y Pega.

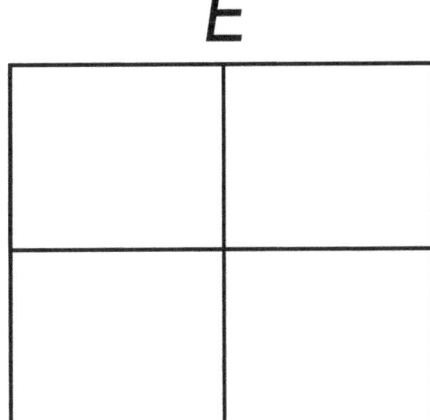

| E | E | e | e | E | E | e | e |

Denver International SchoolHouse

Nombre:_____

# Sonido inicial Ee

*Colorea el Elefante.*

Nombre:_____

I  i

Colorea las letras I e i.

Nombre:_____

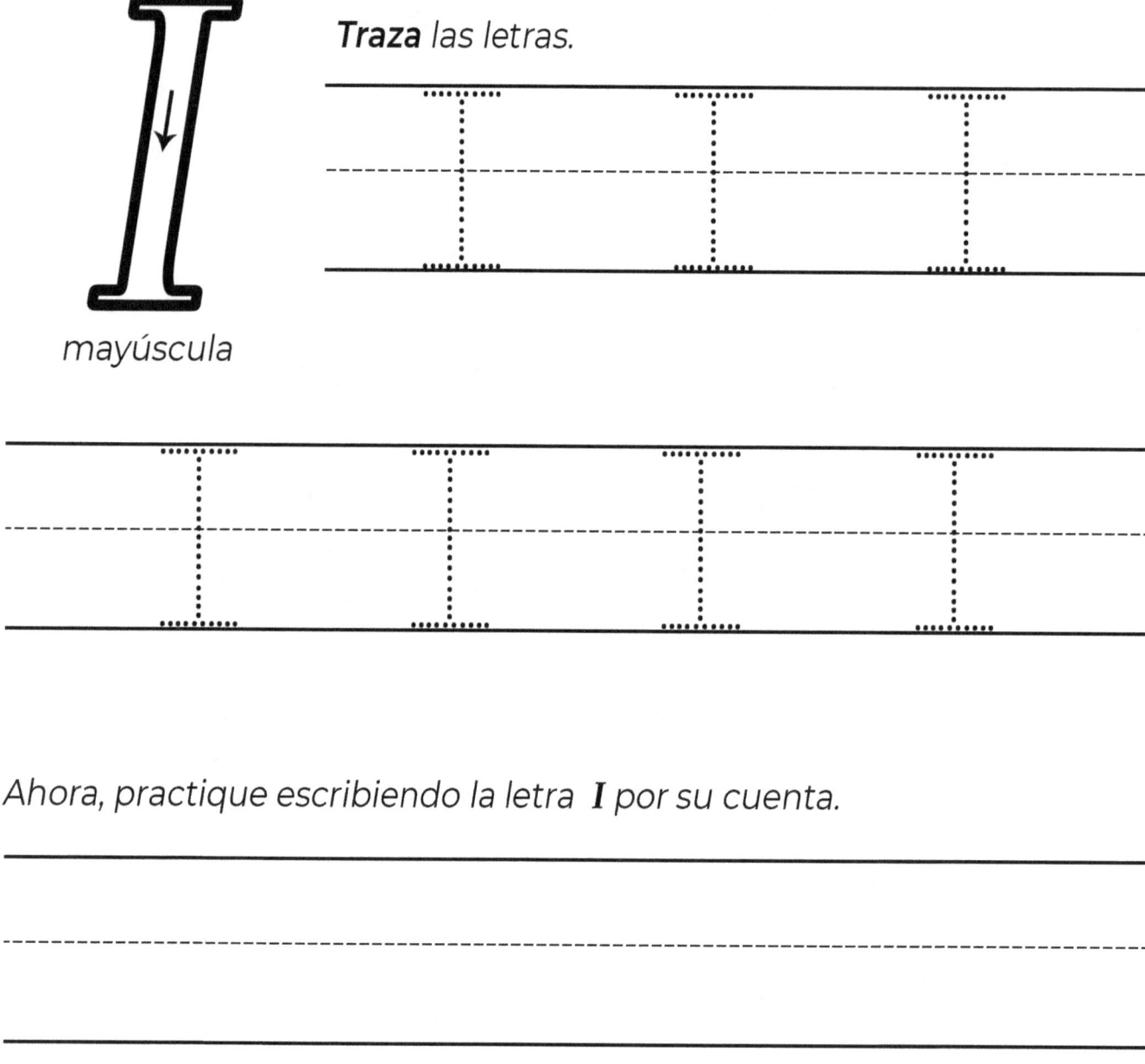

**Traza** las letras.

*mayúscula*

Ahora, practique escribiendo la letra *I* por su cuenta.

Denver International SchoolHouse

Nombre:_____

**Traza** las letras.

*minúscula*

Ahora, practique escribiendo la letra *i* por su cuenta.

Nombre:_____

Traza.

## Encuentra.

Escribe.

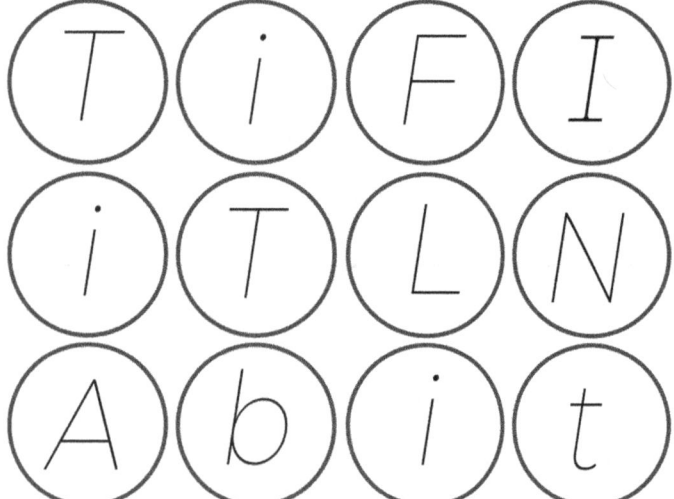

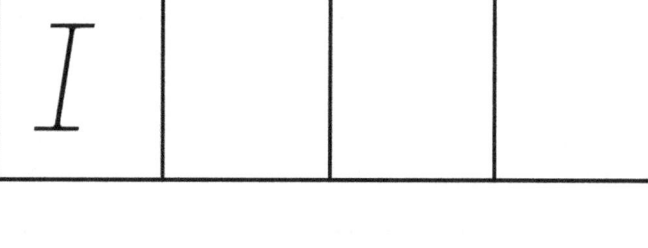

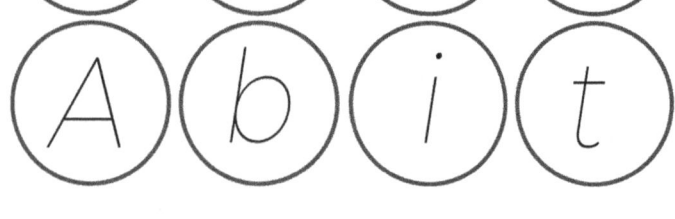

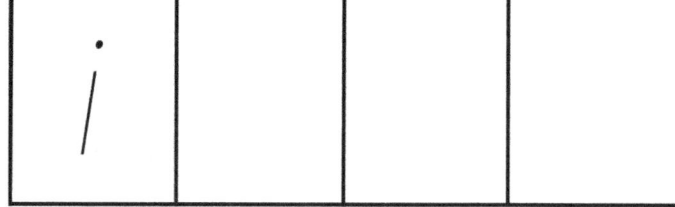

Corta y Pega.

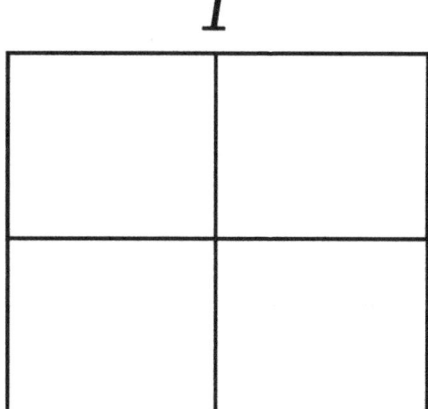

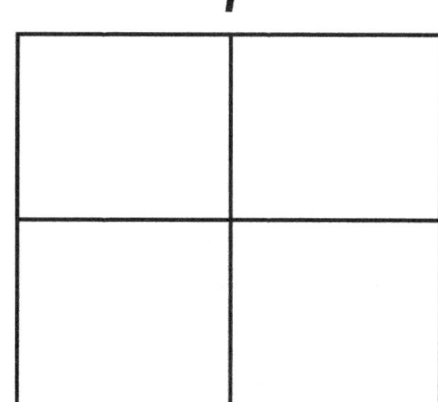

Nombre:_____

# Sonido inicial Ii

*Colorea la Iguana.*

Nombre:____________________

# Ll  ll

*Sigue las letras Ll y ll para dibujar el camino de la Llave al candado.*

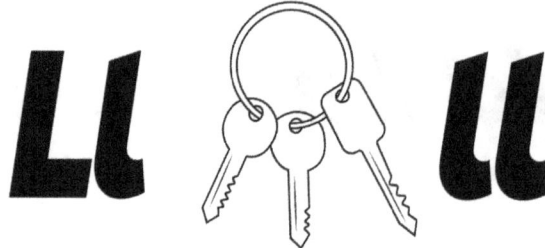

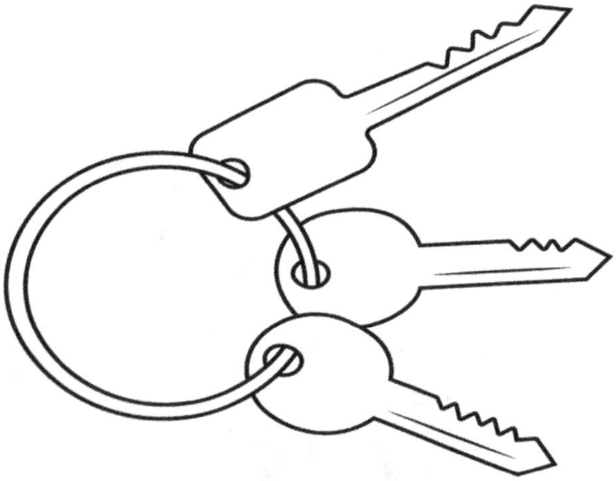

LL ll

ll

t e LL LL ll

Ñ ll J

ll LL ll Q y

ll

ll LL LL

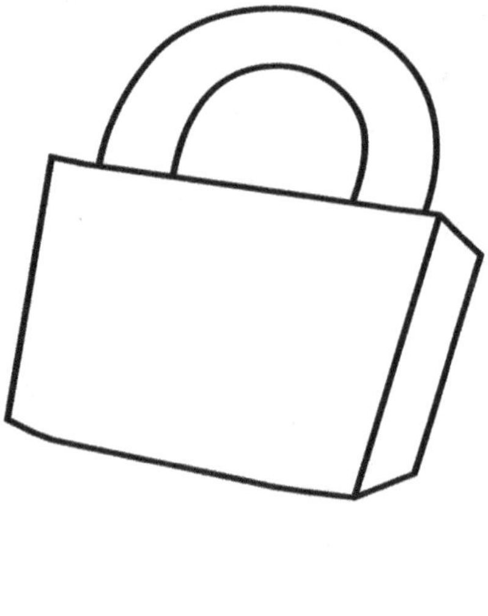

Nombre:_____

**Traza** las letras.

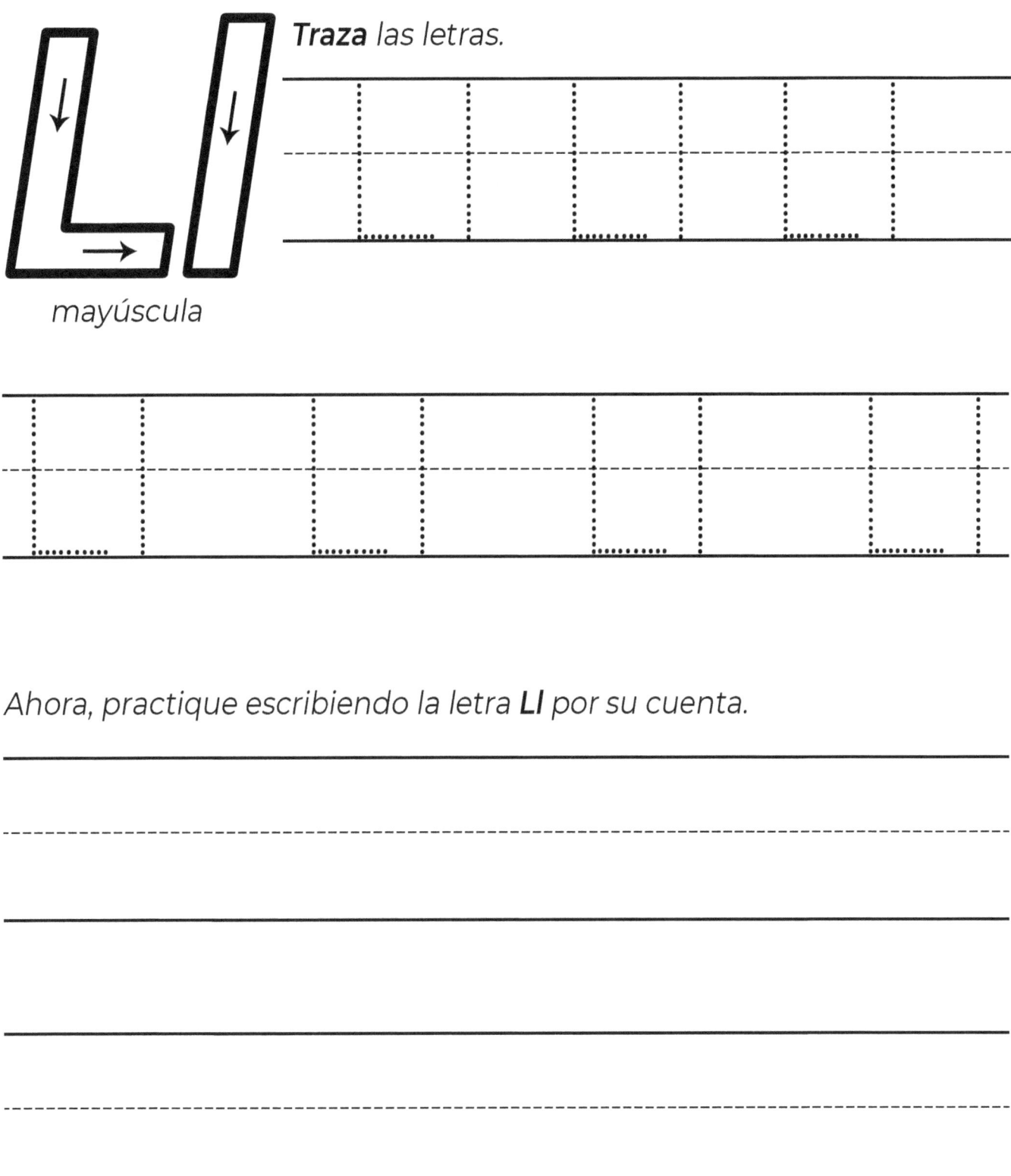

mayúscula

Ahora, practique escribiendo la letra **Ll** por su cuenta.

Nombre:_____

**Traza** las letras.

*minúscula*

Ahora, practique escribiendo la letra **ll** por su cuenta.

Nombre:_____

## Traza.

# Ll ll

**Encuentra.**

T | Ll | F | ll
S | T | Ll | N
A | b | ll | t

**Escribe.**

Ll
ll

**Corta y Pega.**

Ll | ll

| LL | ll | ll | LL | LL | LL | ll | ll |

# Sonido inicial Ll ll

*Colorea la Llama.*

*Nombre:*_____

# Revisión de letras

Circular las letras de cada fila que coincidan con la primera letra.

| X | x | J | B | n |
|---|---|---|---|---|
| ñ | u | ñ | n | Q |
| D | d | R | D | o |
| u | a | u | c | M |
| L | t | j | L | Ll |
| p | O | f | H | p |
| Q | K | Q | ñ | q |
| t | w | G | t | s |

Nombre:_____

# Revisión de letras

Circular las letras de cada fila que coincidan con la primera letra.

| A | b | M | A | e |
|---|---|---|---|---|
| d | d | D | n | f |
| F | a | F | f | c |
| c | c | W | c | j |
| N | d | N | n | ñ |
| B | O | g | B | x |
| r | u | r | F | r |
| G | G | i | g | n |

Denver International SchoolHouse

# Revisión de letras

Escribe la letra del alfabeto que falta.

# Revisión de letras

¿Cuál es el sonido inicial?

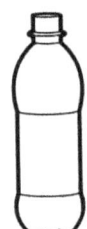     

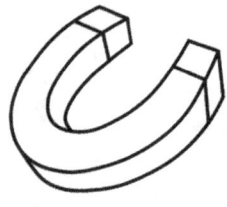     

# Revisión de letras

Nombre:_____

¿Cuál es el sonido inicial?

  ñ
 h
  h
 j

  o
 ch
  p
 z

  L
 S
  rr
 q

  w
 a
  m
 p

  c
 g
  t
 d

Nombre:_____

# Revisión de letras

*¿Cuál es el sonido inicial?*

  ñ
 h
  h
 j

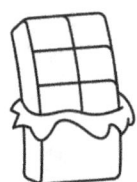  o
 ch
  p
 z

  L
 S
  rr
 q

  w
 a
  m
 p

  c
 g
 t
 d

Denver International SchoolHouse

Nombre:_____

# Revisión de letras

*Machea las Letras.*

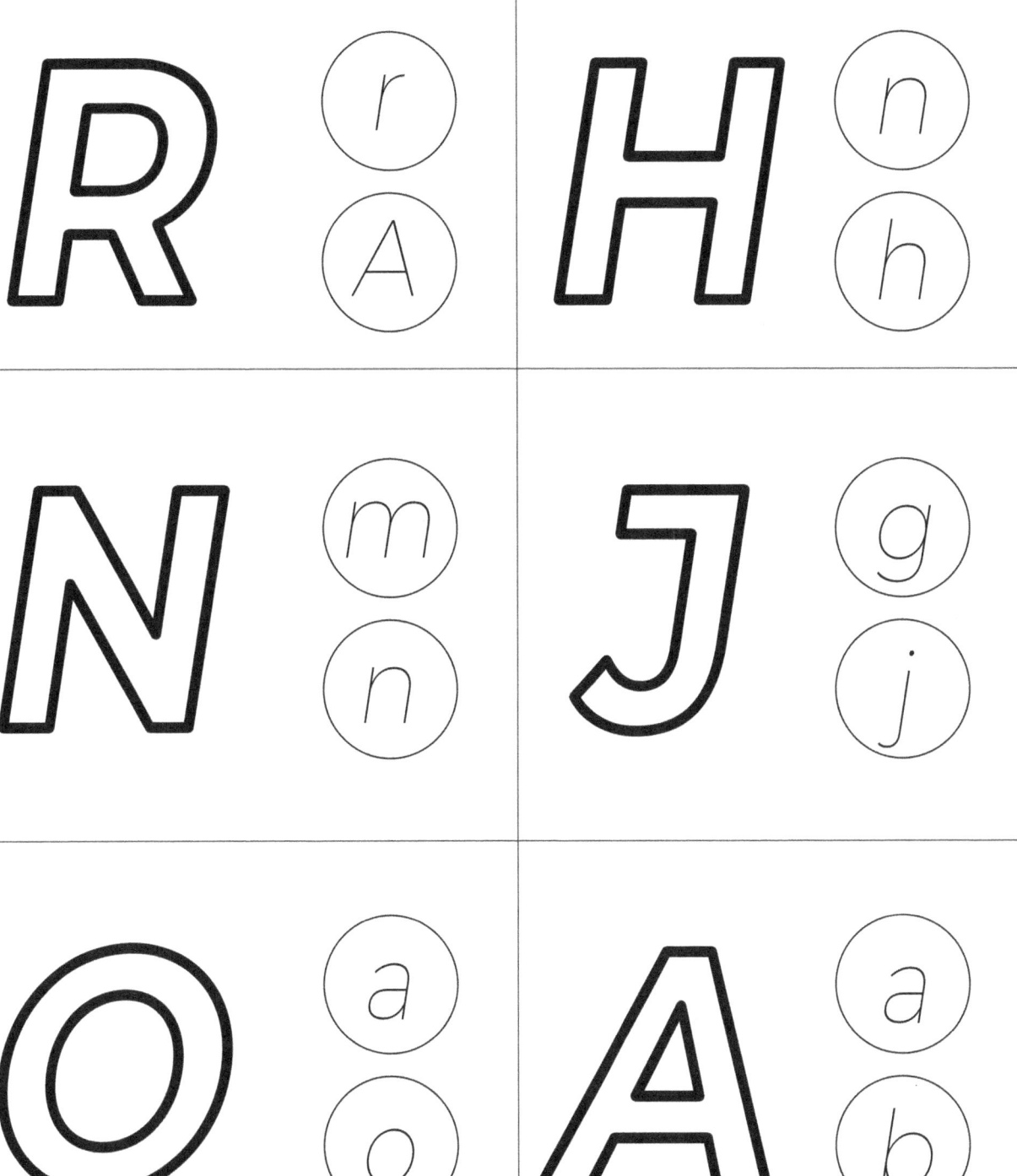

Nombre:_____

# Revisión de letras

*Machea las Letras.*

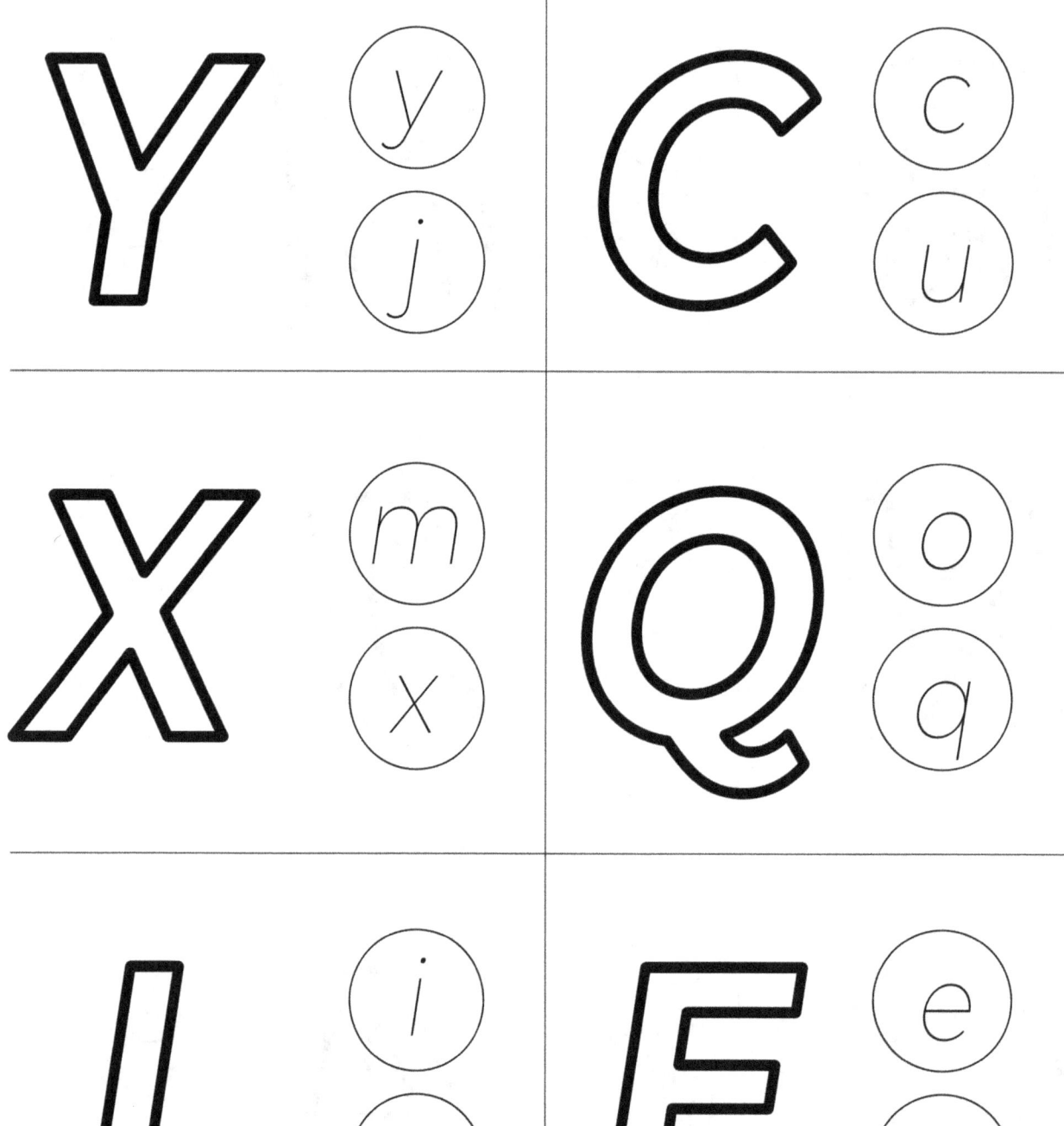

Nombre:_____

# Revisión de letras

*Machea las Letras.*

   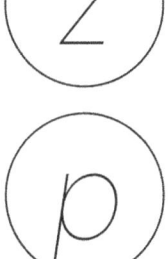

 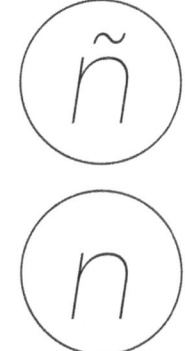 

# Revisión de letras

*Recorta las letras. Pégalos debajo de la letra correspondiente: Colorea las imágenes.*

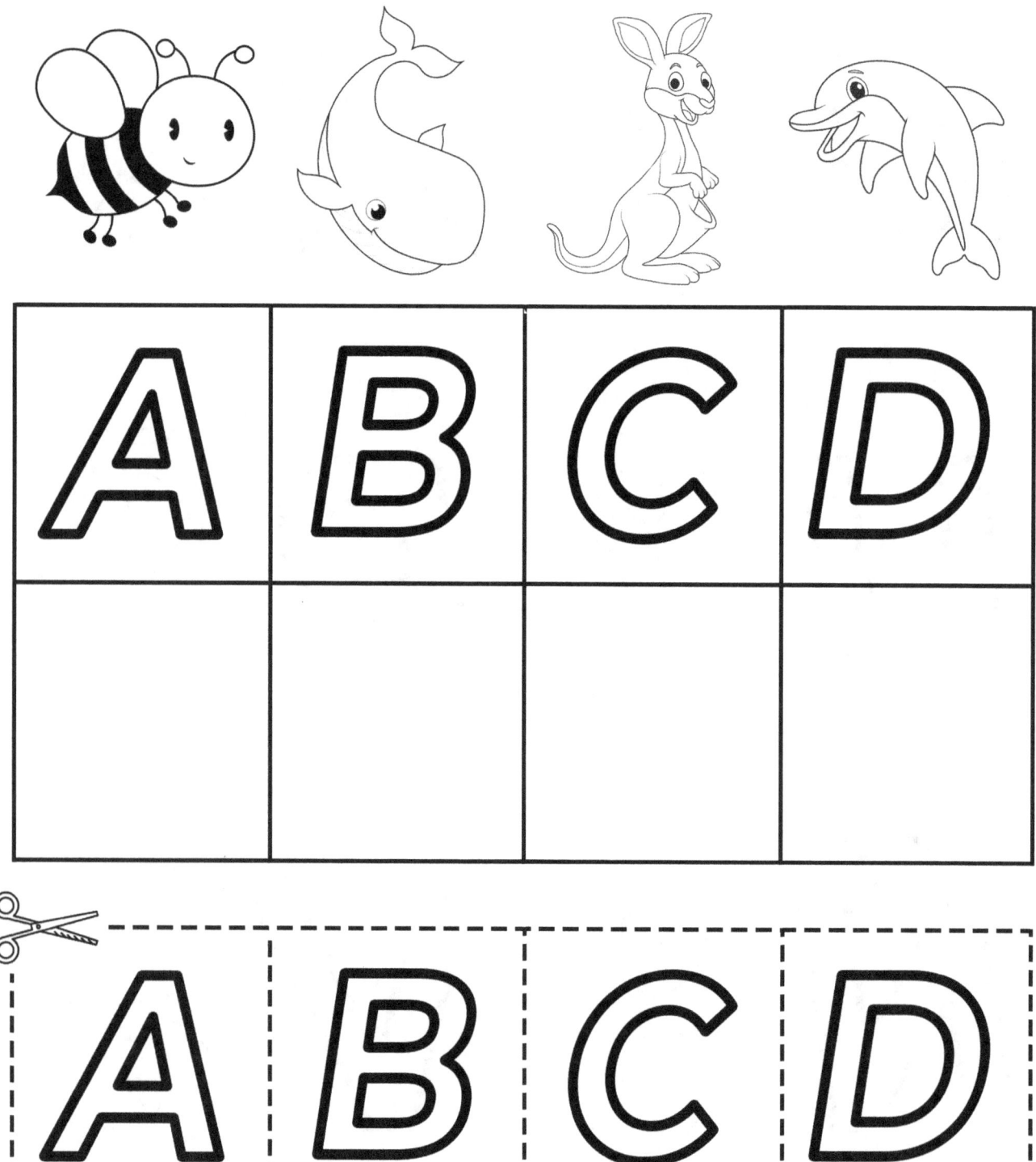

Nombre:_____

# Revisión de letras

*Recorta las letras. Pégalos debajo de la letra correspondiente: Colorea las imágenes.*

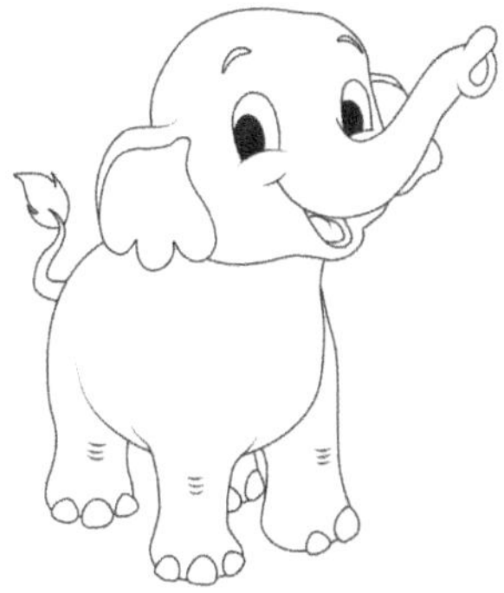

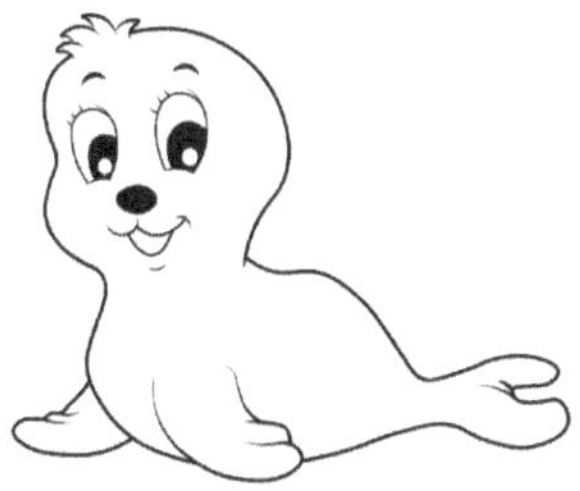

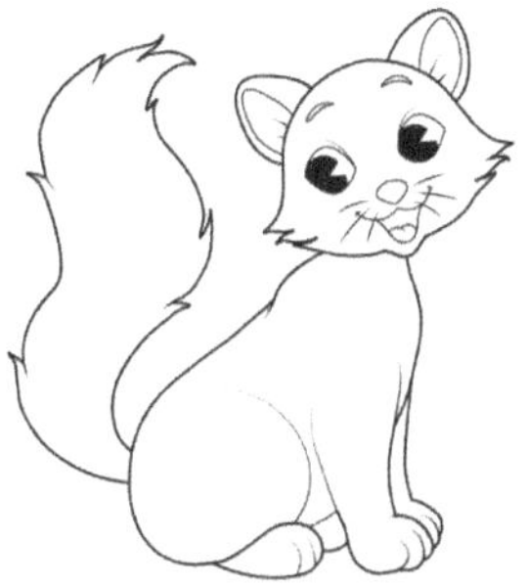

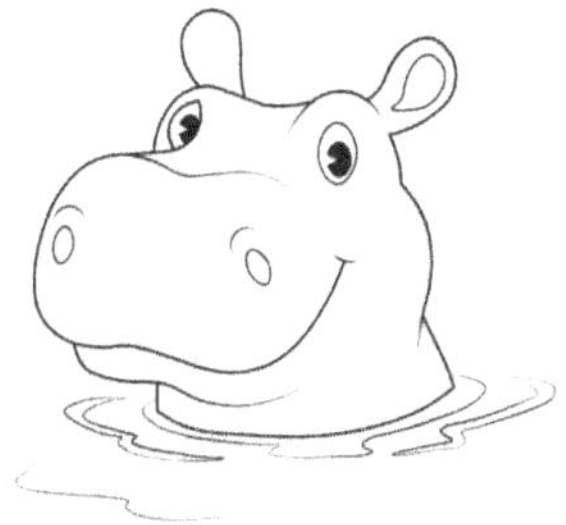

# Revisión de letras

Diga la imagen para encontrar el sonido inicial. Escriba la letra en el cuadro de abajo. Recorta las letras.
Págalas en la letra correspondiente. Colorea la imagen.

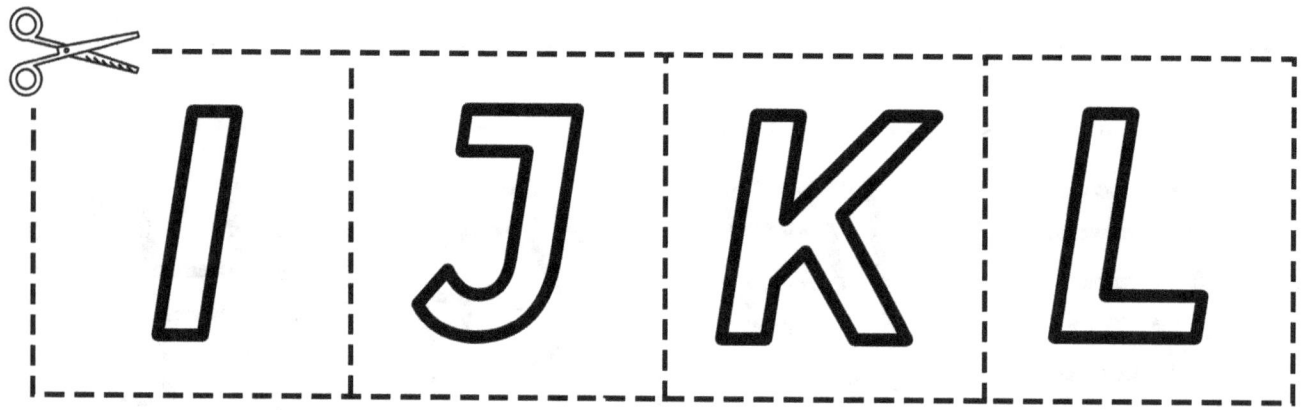

Nombre:_____

# Revisión de letras

*Diga la imagen para encontrar el sonido inicial. Escriba la letra en el cuadro de abajo. Recorta las letras.
Pégalas en la letra correspondiente. Colorea la imagen.*

# Revisión de letras

Diga la imagen para encontrar el sonido inicial. Trace la letra en el cuadro de abajo. Recorta las letras.
Pégalas en la letra correspondiente. Colorea la imagen.

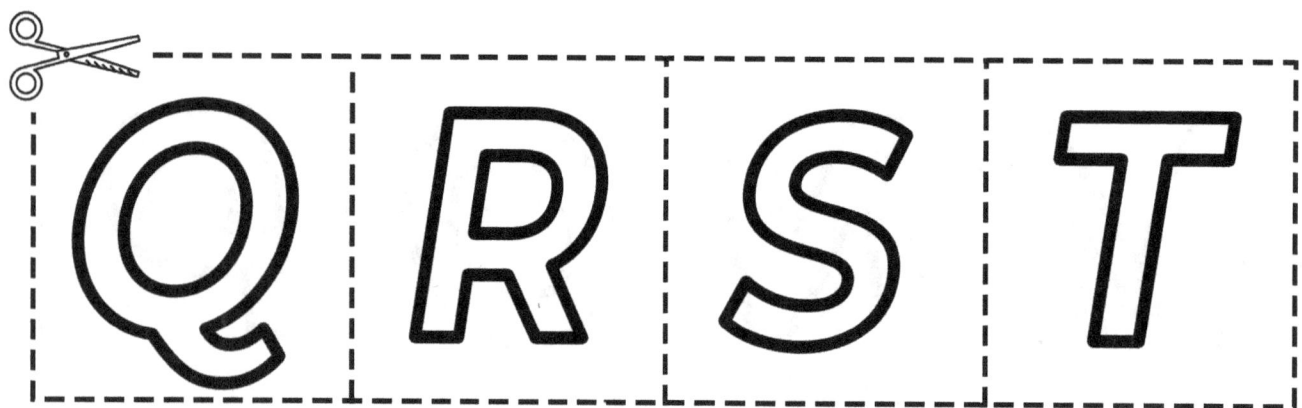

Nombre:_____

# Revisión de letras

Diga la imagen para encontrar el sonido inicial. Trace la letra en el cuadro de abajo. Recorta las letras.
Pégalas en la letra correspondiente. Colorea la imagen.

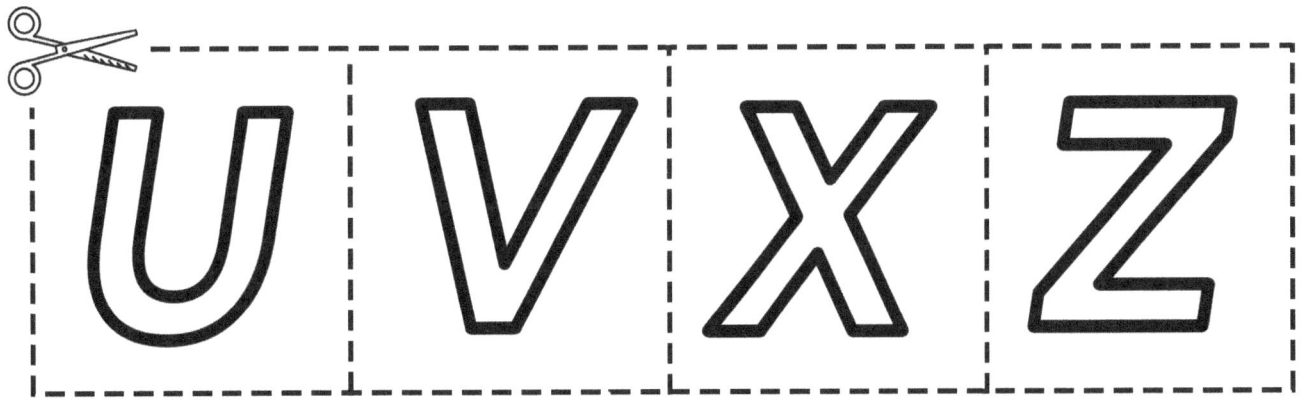

Denver International SchoolHouse

# Revisión de letras

Dibuja líneas a las que tienen los mismos sonidos iniciales.

Nombre:_____

# Revisión de letras

Dibuja líneas a las que tienen los mismos sonidos iniciales.

# Revisión de letras

Escribe la letra del alfabeto que falta.

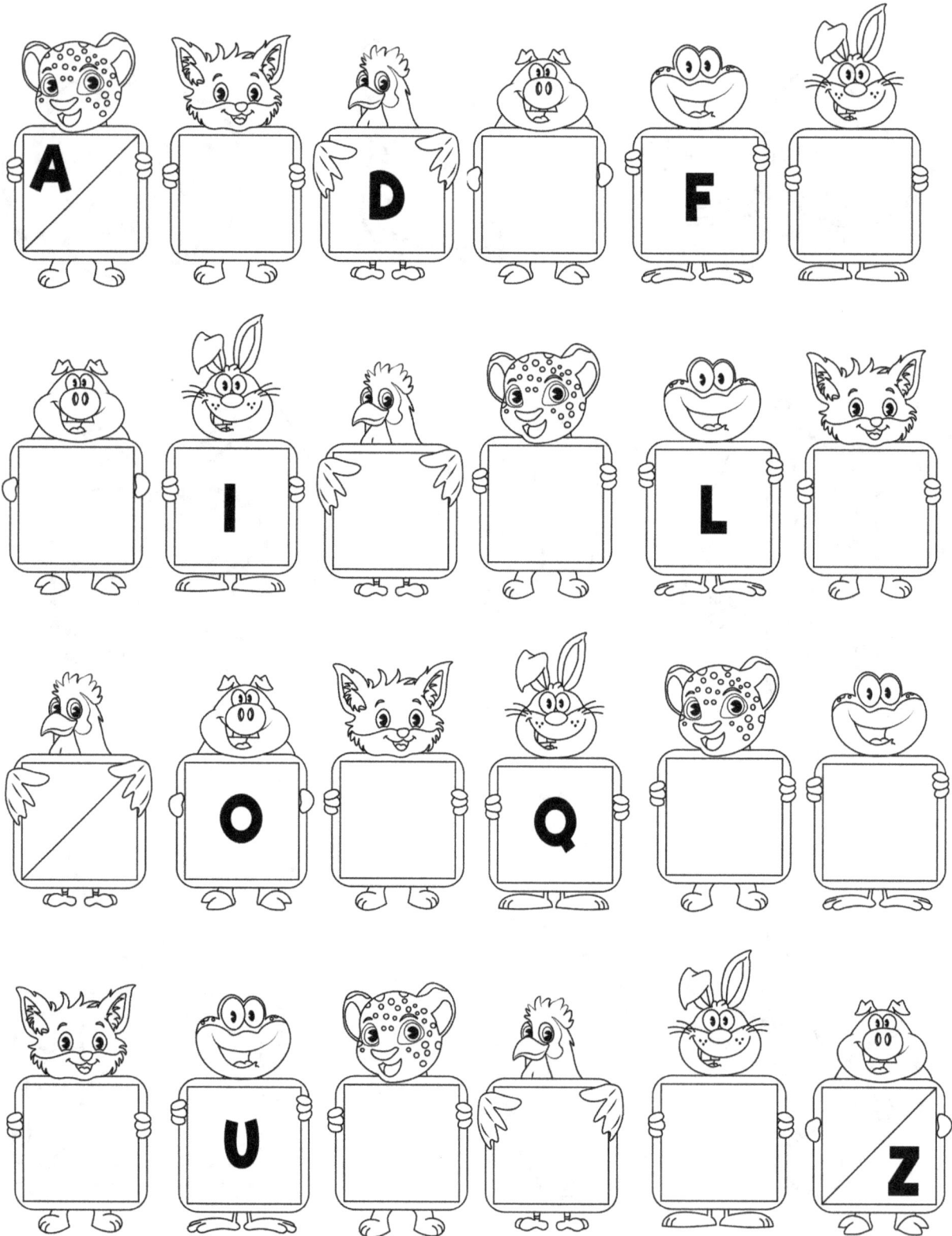

Nombre:_____

# Revisión de letras

¿Cuál es el sonido final?

 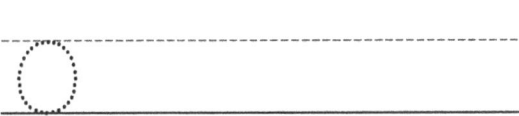

cebo o____

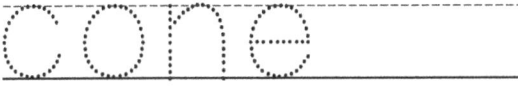

cone ga

balle jira

Nombre:_____

# Revisión de letras

Dibuja líneas a las que tienen los mismos sonidos iniciales.

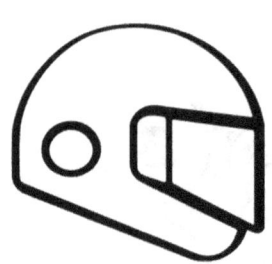 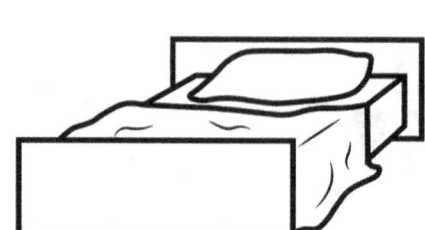 

# Revisión de letras

*Nombre:*_____

*¿Cuál es el sonido final?*

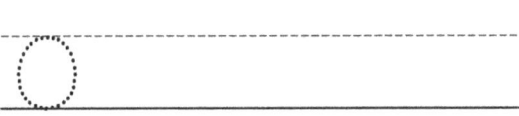

Nombre:_____

# Revisión de letras

Dibuja líneas a las que tienen los mismos sonidos iniciales.

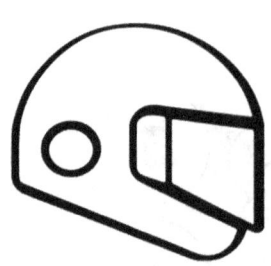 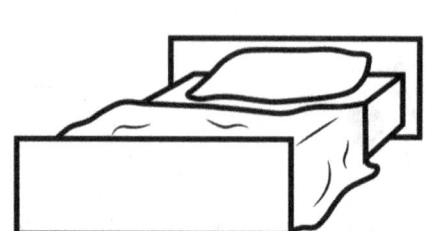 

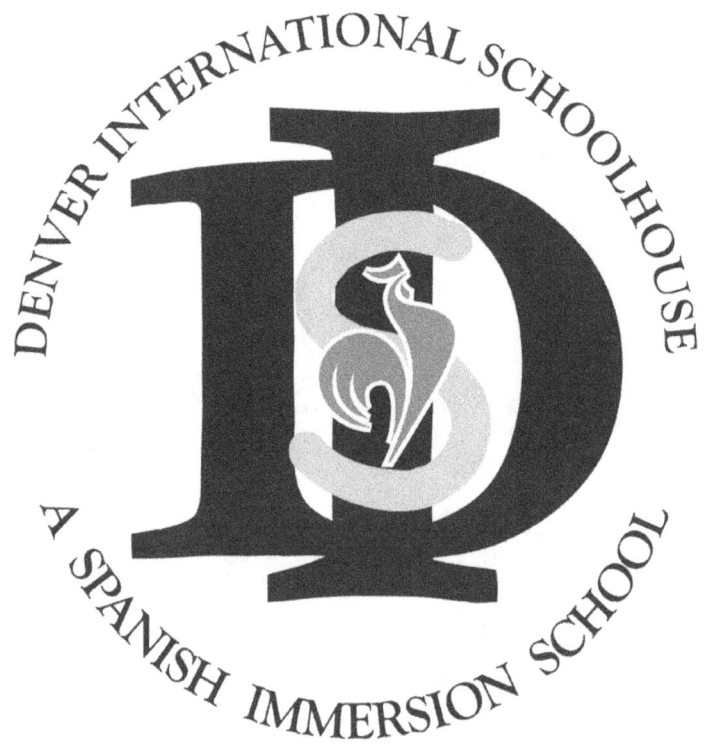

## Contáctenos:

**Web:** www.dispreschool.com

**Teléfono:** (303) 928-7535

**Facebook:** @dispreschool

**Twitter:** @DISPreschool

**Dirección:** 6295 S Main St B113, Aurora, CO 80016

www.ingramcontent.com/pod-product-compliance
Lightning Source LLC
Chambersburg PA
CBHW081411080526
44589CB00016B/2524